CFA協会認定アナリスト

CFA®
受験のための
ファイナンス講義
計量分析編

大野忠士 著

一般社団法人 金融財政事情研究会

はしがき

　本書は確率・統計と称される計量分析のうち、CFA®レベルⅠとレベルⅡで問われる部分をカバーしている。証券アナリストとして必要な基礎知識であり、レベルⅠにおいて特に重要な分野の一つである。特にBasel Ⅱ、Ⅲと銀行／証券業界においてはリスクの計量化への理解がいっそう重要となってきており、計量分析は国際金融の場で働く者にとっての必須知識となってきている。

　各講は「この講のポイント」「本文」「演習」「重要概念・重要公式まとめ」から構成されている。まず各講冒頭に掲げた「この講のポイント」を読んでほしい。これは学習者・受験者に到達してほしい最終目的地を示している。CFA®試験合格に必要な知識は、これ以上でもこれ以下でもない。次に「本文」を飛ばして「重要概念・重要公式まとめ」「演習」に移る。演習問題がある程度解けるのであれば本文を飛ばしてどんどん先へ読み進めばよい。とにかく最後まで読了して、理解している部分とそうでない部分の仕分けを行うことが重要だ。そのうえで、理解不足箇所の本文をじっくり読み進めていってほしい。

　CFA®の計量分析は欧米経営大学院（MBA）で必須科目として学習する「確率・統計」の内容とほぼオーバーラップしており、基礎的知識がある受験生にとっては点数の稼げる項目だが、大学時代にこの分野に触れたことのない受験生（日本の社会人受験生の多く）には鬼門である。基礎的知識のない受験生はCFA®協会の英文教材やStudy Guideといった英文参考書に入る前に、まず2週間あまり集中的に（12月試験なら夏期休暇、6月試験なら正月休暇等を使って）この分野をマスターするのが効率的である。その際、計量分析を不得手とする受験生・社会人にとって本書が有益なものとなることを願っている。

　この本を出版するにあたって、石濱圭一氏（三井住友銀行米州審査部長、

CFA®)、福本健一氏（同行国際与信管理部部長、CFA®）、花田信彦氏（同行本店法人営業部副部長、CFA®）の諸兄には、草稿段階で目を通してもらい貴重なアドバイスをいただいた。また中外製薬株式会社からは小生の社会人大学院におけるファイナンス教育・統計教育活動に対して支援をいただいた。本書はその成果の一部である。あらためて感謝申し上げる。今回も金融財政事情研究会出版部佐藤友紀氏からは企画段階から暖かい励ましと丁寧なアドバイスをいただいた。ここに心より謝意を表する次第である。

2011年8月　茗荷谷にて

大野　忠士

〈執筆者紹介〉

大野　忠士（おおの　ただし）
筑波大学大学院ビジネス科学研究科 教授（ファイナンス）
1978年京都大学法学部卒業、1978年住友銀行（現三井住友銀行）入行、事業調査部次長、米州審査部長、国際企業投資部長等を歴任。2008年8月より現職。修士（経営学）（筑波大学）。コロンビア大学大学院（数理科学）中退。
資　　格：CFA®協会認定証券アナリスト、日本証券アナリスト協会検定会員
所属学会：日本統計学会、日本ファイナンス学会、日本金融・証券計量・工学学会（JAFEE）
著　　書：CFA®受験ガイドブック［レベルⅡ］（2006年）、CFA®受験ガイドブック［レベルⅠ］第2版（2007年）、CFA®受験のためのファイナンス講義［株式・債券・デリバティブ編］（2009年）

目　次

第 1 講　時間価値

1　金　　利 …………………………………………………………… 2
2　将来価値（Future Value）………………………………………… 3
3　名目金利、実効金利、ボンド換算金利 ………………………… 6
4　年金の将来価値、現在価値（Future Value of Ordinary Annuity,
　　Present Value of Ordinary Annuity）…………………………… 8

第 2 講　ディスカウント・キャッシュフロー

1　ネット・プレゼント・バリュー（Net Present Value）………… 19
2　内部収益率（Internal Rate of Return, IRR）…………………… 20
3　NPV と IRR ………………………………………………………… 21
4　利 回 り …………………………………………………………… 22

第 3 講　統計の基本概念

1　統計の基本概念 …………………………………………………… 31
2　ばらつきを測る尺度 ……………………………………………… 41
3　チェビシェフの不等式 …………………………………………… 45
4　シャープ・レシオ（Sharpe Ratio）……………………………… 47
5　四分位点、パーセンタイル点 …………………………………… 48
6　歪度（skewness）………………………………………………… 49
7　尖度（kurtosis）…………………………………………………… 50

第 4 講　確率と集合

1. 確率と集合に関する基本用語 …………………………………… 57
2. 確率に関する法則 …………………………………………………… 60
3. ベン図（Venn Diagram）…………………………………………… 60

第 5 講　条件付確率とベイズの定理

1. イベント・ダイアグラム …………………………………………… 65
2. シナリオ分析 ………………………………………………………… 67
3. ベイズの定理（Bay's Theorem）………………………………… 68

第 6 講　共分散と相関係数

1. 説明変数と被説明変数 ……………………………………………… 75
2. 散布図と相関係数 …………………………………………………… 76
3. 相関係数と共分散 …………………………………………………… 77
4. ポートフォリオの期待値と分散 …………………………………… 82
5. 相関係数の検定 ……………………………………………………… 83
6. 相関係数の限界 ……………………………………………………… 84

第 7 講　順列・組合せ

1. 階乗（Factorial）…………………………………………………… 89
2. 順列（Permutation）………………………………………………… 90
3. 組合せ（Combination）……………………………………………… 91
4. ラベリング問題、多項係数（Labeling Problem, Multinomial Coefficient）
　………………………………………………………………………… 92

第 8 講　確率分布

1. 確率分布 …………………………………………………………… 95
2. 離散の一様分布（The Discrete Uniform Distribution） ……… 97
3. 二項分布（The Binomial Distribution） ……………………… 98
4. 連続一様分布（The Continuous Uniform Distribution） …… 100

第 9 講　正規分布

1. 正規分布（Normal Distribution） …………………………… 105
2. 正規分布の信頼区間（Confidence Interval） ………………… 107
3. 標準正規分布（Standard Normal Distribution） …………… 108
4. 正規分布を使っての確率計算 ………………………………… 110
5. 平均・分散分析（正規分布の応用） ………………………… 112
6. 対数正規分布（The Lognormal Distribution） ……………… 113
7. 離散型収益率と連続型収益率 ………………………………… 115
8. モンテカルロ・シミュレーションとヒストリカル・シミュレーション …………………………………………………………… 116

第 10 講　標本抽出と推定

1. 標本抽出（Sampling） ………………………………………… 125
2. 標本誤差と標本分布（Sampling Error and Sampling Distribution） …… 126
3. よい推定量 ……………………………………………………… 128
4. 中心極限定理（Central Limit Theorem）と標準誤差（Standard Error） …………………………………………………………… 129
5. 信頼区間と区間推定 …………………………………………… 130
6. t 分布 …………………………………………………………… 133

目　次　vii

| 7 | 標本に係るバイアス……………………………………………… 134 |

第 11 講　仮説検定

1	仮説検定………………………………………………………… 143
2	片側検定（One-Tailed Test）と両側検定（Two-Tailed Test）………… 147
3	z 検定か t 検定か………………………………………………… 148
4	仮説検定における 2 種類のエラー……………………………… 148

第 12 講　平均の差の検定

| 1 | 母集団の平均が等しいかどうかを検定するための t 検定……… 157 |
| 2 | ペアになった標本の差の t 検定………………………………… 161 |

第 13 講　分散の検定〔χ^2（カイ二乗）検定〕

1	χ^2（カイ二乗）検定（Chi-square testing）…………………… 165
2	χ^2 分布……………………………………………………… 166
3	χ^2（カイ二乗）分布を用いた母標準偏差の区間推定……… 169

第 14 講　等分散性の検定（F 検定）

1	母分散比の検定と F 分布………………………………………… 171
2	F 分布…………………………………………………………… 171
3	2 つの母分散が等しいときの F 検定…………………………… 173

第15講　回帰分析

1　回帰係数 …………………………………………………………… 177
2　最小二乗法（Method of Least Squares）………………………… 178
3　回帰方程式の前提 ………………………………………………… 179
4　推定値の標準誤差（Standard Error of Estinate, SEE）………… 180
5　予測誤差と信頼区間 ……………………………………………… 180
6　回帰係数の信頼区間 ……………………………………………… 182
7　回帰係数の検定 …………………………………………………… 182

第16講　回帰分析における分散分析表*

1　分散分析表（ANOVA Table）…………………………………… 187
2　決定係数（Coefficient of Determination, R-square）…………… 189
3　回帰分析におけるF検定 ………………………………………… 191
4　回帰分析の限界 …………………………………………………… 192

第17講　回帰分析（その2）*

1　回帰分析における統計上の問題点 ……………………………… 199
2　分散不均一性（Heteroskedasticity）…………………………… 200
3　誤差項の自己相関／系列相関（Autocorrelation, Serial Correlation）…… 202
4　多重共線性（マルチコ、Multicolinearity）……………………… 204
5　ダミー変数（Dummy Variable）………………………………… 205
6　被説明変数が質的変数の場合のモデル ………………………… 205

目　次　ix

第18講　時系列分析＊

1　時系列モデルとは……………………………………………… 213
2　時系列トレンドモデル（Time-series Trend Model）………… 214
3　対数線形モデル（Log-linear Trend Model）………………… 215
4　自己回帰型時系列モデル（ARモデル、Autoregressive Time-series Model）………………………………………………………… 217

第19講　時系列分析（その2）＊

1　ランダム・ウォーク（Random Walk）……………………… 229
2　ランダム・ウォークに対する差分処理……………………… 230
3　非定常性の検討：単位根検定（Unit Root Test）…………… 231
4　季節性ある時系列モデル……………………………………… 232

第20講　時系列分析（その3）＊

1　移動平均モデル（Moving-average Models）、自己回帰移動平均モデル（Autoregressive Moving-average Models）……………… 241
2　自己回帰不均一分散モデル（Autoregressive Conditional Heteroskedasticity, ARCH）…………………………………… 242
3　多変量時系列のときの回帰分析……………………………… 244
4　モデル選択……………………………………………………… 245

◆事項索引…………………………………………………………… 249

（注）　＊印は応用項目（レベルⅡ相当）

第 1 講

時 間 価 値

この講のポイント

- 要求収益率、割引率、機会コストとしての金利を理解する
- 金利の構成要素（実質リスクフリー金利、期待インフレ率、リスク見合いプレミアム）を説明せよ
- 将来価値の計算ができるか
- 半期／四半期ごとの複利計算を前提として将来価値、現在価値が計算できるか
- 名目年率、実効年率、ボンド換算イールドを計算せよ
- 年金の将来価値を計算せよ
- 年金の応用問題（元利均等住宅ローンの返済額計算）が解けるか

投資、キャッシュフローの現在価値はファイナンスの基礎となる概念である。ここではカネの時間価値（time value of money）の考え方を学び、将来価値、現在価値計算に習熟することを目標とする。CFA® 試験では指定の関数電卓（Texas Instrument 社 BA II Plus か Hewlett Packard 社12C）を用いるので使用方法に慣れておく必要がある。本書では特に断りのない限り電卓操作の説明は TI 社 BA II Plus を前提とする。

1 金　利

　現在の消費を延期して貯蓄という行動をとる場合、貯蓄することによる将来の価値がより望ましいという理屈づけが必要になる。こうしたタイミングの異なるカネの価値を比較するための仕掛けが必要である。これが時間価値（time value）という考え方が出てきた背景である。ファイナンスでは将来価値を金利で割り引くことで現在価値に引き戻す操作を行う（割り戻された将来価値＝現在価値、という前提に立っている）。

　将来キャッシュフローを割り引くための金利（要求収益率、required rate of return）は、

　　① 実質リスクフリー金利（real risk-free rate）
　　② 将来のインフレ率影響を割り引くためのプレミアム部分（expected inflation）
　　③ 将来キャッシュフローの発生時期、金額の不透明さに応じて割り引くためのリスク・プレミアム（risk premium）

からなっている。

> Required Rate of Return
> ＝Real Risk-free Rate＋Expected Inflation＋Risk Premium

　リスク・プレミアムに含まれるリスクとしてはデフォルトリスク（default risk）、流動性リスク（liquidity risk）、などが含まれる。

　投資は満期時に再投資されると考える。再投資を前提とした考え方が複利（compound）である。金利は要求収益率（required rate of return）、割引率（discount rate）、機会費用（opportunity cost）などと呼ばれる。

　　① 要求収益率（required rate of return）
　　　　投資家に投資しようと思わせる最低利回り
　　② 割引率（discount rate）

将来キャッシュフローの現在価値を求めるための金利

③ 機会費用（opportunity cost）

特定の投資を行うことで他の投資機会が失われる、その失われた投資機会による収益のこと

2　将来価値（Future Value）

複利計算を前提とした将来価値は次の計算式による。

$FV = PV(1 + i_p)^{n_p}$

$i_p = \dfrac{i}{m}$

$n_p = mn$

FV：将来価値（future value）

PV：現在価値（present value）

i_p　：ある特定期間の金利

n_p　：複利計算を行う総期間数

i　：年率（annual rate of return）

n　：投資期間（年数）

m　：1年間で何回複利運用を想定するか

　　（半年ごとなら2回、四半期ごとなら4回、月次なら12回）

例題　$1,000を年率6％で複利運用するとする。金利は年1回払い。4年後の元利合計はいくらになるか。

解答

金利は年1回払いなので m=1。PV=1,000、

$i_p = \dfrac{i}{m} = \dfrac{6\%}{1} = 6\%/\text{year}$、

$n_p = mn = (1)(4 \text{years}) = 4$、
$FV = PV(1+i_p)^{n_p} = (\$1,000)(1+0.06)^4 = \underline{\$1,262.48}$

TI BA II Plus では、上から3行目のキーを中心に、

1000 $\boxed{PV}$

6 $\boxed{I/Y}$

0 $\boxed{PMT}$

4 $\boxed{N}$

CPT $\boxed{FV}$

と押せば 1,262.4770という答えが現れる。

例題 $1,000を銀行に預ける。金利は年率6％で四半期ごとに受け取る。四半期ごとの複利運用を前提とすれば4年後の元利合計はいくらになるか。

解答

金利は年4回払いなので $m=4$。$PV=1,000$、$i_p = \dfrac{i}{m} = \dfrac{6\%}{4} = 1.5\%/\text{quarter}$、
$n_p = mn = (4)(4\text{years}) = 16$、
$FV = PV(1+i_p)^{n_p} = (\$1,000)(1+0.015)^{16} = \underline{\$1,268.99}$

TI BA II Plus では、

$N=16$, $I/Y=1.5$, $PV=1,000$, $PMT=0$

→ CPT $FV=1,268.9855$

月ごと、四半期ごとではなく、連続的に複利計算（continuous compounding）を行うときの将来価値は次の式による。

$$FV = PV(e^{rn})$$

例題 ＄1,000を銀行に預ける。金利は年率6％で、連続金利にて複利計算するとする。4年後の元利合計はいくらになるか。

解答

$FV = PV(e^{rn}) = (\$1,000)e^{(0.06)(4)} = \underline{\$1,271.25}$

TI BA II Plus では、

0.06 ×　4 ＝ 2nd e^x × 1000 ＝

というキー操作により、1,271.2492を得る。

将来価値、現在価値などから割引金利を求めることもできる。

例題 ＄1,000を預金する。年1回の利払いがありつど複利運用するとする。10年間で元利合計を2倍とするには何％の金利であればよいか。

解答

$FV = PV(1+i_p)^{n_p}$

$\$2,000 = (\$1,000)(1+i_p)^{10}$

$i_p = \sqrt[10]{\dfrac{2000}{1000}} - 1 = \underline{0.0718 \text{ or } 7.18\%}$

TI BA II Plus では、

N＝10, PV＝1,000, PMT＝0, FV＝－2,000

→ CPT　I/Y＝\underline{7.1773}

例題 ＄1,000を預金する。年1回の利払いがありつど複利運用するとする。金利が年率7.1773％だとすれば何年で元利合計が2倍になるか。

> **解答**
>
> $FV = PV(1+i_p)^{n_p}$
>
> $\$2{,}000 = (\$1{,}000)(1+0.071773)^n$
>
> $2 = (1+0.071773)^n$
>
> $\ln 2 = (n)\ln(1.071773)$
>
> $n = \dfrac{\ln(2)}{\ln(1.071773)} = \dfrac{0.693147}{0.069314} = \underline{10.00}$
>
> TI BA II Plus では 3 行目のキーを用いてもう少し簡単に答えが求まる。
>
> I/Y=7.1773, PV=1,000, PMT=0, FV=−2,000 → CPT N=$\underline{10.00}$

3　名目金利、実効金利、ボンド換算金利

金利表示の仕方には何種類かがある。CFA® 試験あるいは債券実務で用いられるのはおもに次の 3 つである。

(1) 名目金利 (Nominal Rates, Annual Percentage Rate, APR)

実際の計算に用いられる金利 (i_p) は月次金利や四半期金利であるが、年率のかたち (i_s, i_{APR}) で表示するもの。複利ではなく月利、四半期金利を単純に m 倍して年利のかたちで表示する。月利 1 % のものを年率 (名目金利) 12% と表示するような場合がその例。

> $i_s = i_{APR} = m i_p$

(2) 実効金利 (Effective Annual Rate, EAR)

所定の月利、四半期金利で運用した場合、実際に 1 年間で (m 回の複利運用で) いくらの利回りになるかを計算したもの。

> $i_{EAR} = (1+i_p)^m - 1$

> 例題　名目年率（APR）6％、月利で複利運用するCDの実効金利（EAR）はいくらか。

解答

名目の年率が6％の実際の月利は6％÷12＝0.5％であるから、

$i_{EAR} = (1+i_p)^m - 1 = (1+0.005)^{12} - 1 = \underline{0.0617 \text{ or } 6.17\%}$

(3) ボンド換算金利（Bond Equivalent Yield, BEY）

中期の利付米国債（T-Note）の利払いが年2回であることから、債券市場で伝統的に用いられる金利表示形式。半年の実効金利を2倍したもので表示する。

$i_{BEY} = [(1+i_p)^{m/2} - 1] \times 2$

月利、四半期金利が判明している場合のボンド換算金利は次のとおり。

$i_{BEY} = (半年間の実効金利) \times 2 = [(1+月利)^{12/2} - 1] \times 2$
$i_{BEY} = (半年間の実効金利) \times 2 = [(1+四半期金利)^{4/2} - 1] \times 2$

> 例題　月利1％のCDのボンド換算金利はいくらか。

解答

$i_{BEY} = (半年間の実効金利) \times 2 = [(1+月利)^{12/2} - 1] \times 2$
$= [(1+0.01)^6 - 1] \times 2$
$= \underline{0.1230 \text{ or } 12.30\%}$

> 例題　ある投資商品に＄10,000を預けたところ、年1回の複利運用の結

> 果10年間で2.5倍の＄25,000となった。名目金利（APR）、実効金利（EAR）、ボンド換算金利（BEY）はそれぞれいくらか。

解答

まず複利運用する期間（ここでは1年間）の実際の金利（i_p）を計算する。

N＝10, PV＝10,000, PMT＝0, FV＝−25,000

→ CPT　I/Y＝9.5958%　（＝i_p）

ここでは1年間の複利運用回数は1回だからm＝1。

名目金利は、

$i_s = i_{APR} = m i_p$

　＝(1)(0.095958)＝<u>0.0960 or 9.60%</u>

実効金利は、

$i_{EAR} = (1+i_p)^m - 1$

　＝$(1+0.095958)^1 - 1$＝<u>0.0960 or 9.60%</u>

ボンド換算金利は、

$i_{BEY} = \left[(1+i_p)^{m/2} - 1\right] \times 2$

　＝$\left[(1+0.095958)^{1/2} - 1\right] \times 2$＝<u>0.0938 or 9.38%</u>

4　年金の将来価値、現在価値（Future Value of Ordinary Annuity, Present Value of Ordinary Annuity）

(1)　年金の将来価値（Future Value of Ordinary Annuity, FVOA）

毎年末に金額PMT_pの年金がn年間（全部でn_p回）支払われるとする。1回目（1年目末）に受け取る年金はn年後までにn_p-1回複利運用されるからn年後の将来価値は$PMT_p(1+i_p)^{n_p-1}$、同様に2回目の年金の将来価値は$PMT_p(1+i_p)^{n_p-2}$、……、n年目の年金の将来価値は、$PMT_p(1+i_p)^0$

よって年金将来価値の合計FVOAは、

$$FVOA = PMT_p(1+i_p)^{n_p-1} + PMT_p(1+i_p)^{n_p-2} + \cdots + PMT_p(1+i_p)^0 \cdots\cdots ①$$

両辺に $(1+i_p)$ を掛けて

$$(1+i_p)FVOA = PMT_p(1+i_p)^{n_p} + PMT_p(1+i_p)^{n_p-1} + \cdots + PMT_p(1+i_p)^1$$
$$\cdots\cdots ②$$

第②式から第①式を差し引いて、

$$(i_p)FVOA = PMT_p(1+i_p)^{n_p} - PMT_p(1+i_p)^0$$

これを整理して、

$$FVOA = PMT_p\left[\frac{(1+i_p)^{n_p}-1}{i_p}\right]$$

例題 10年間の年金プランがある。年金は毎年末に受け取る。受け取った年金は年1回複利運用するとし、運用金利は年率5％。10年後の元利合計が＄5,000,000となるようにするには毎年いくらの年金を受け取ればよいか。

解答

$$FVOA = PMT_p\left[\frac{(1+i_p)^{n_p}-1}{i_p}\right]$$

$$\$5,000,000 = PMT_p\left[\frac{(1+0.05)^{10}-1}{0.05}\right]$$

∴ $PMT_p = \underline{\$397,522.87}$

TI BA II Plus では、

N＝10, I/Y＝5, PV＝0, FV＝－5,000,000

→ CPT　PMT＝＄<u>397,522.87</u>

第1講　時間価値　9

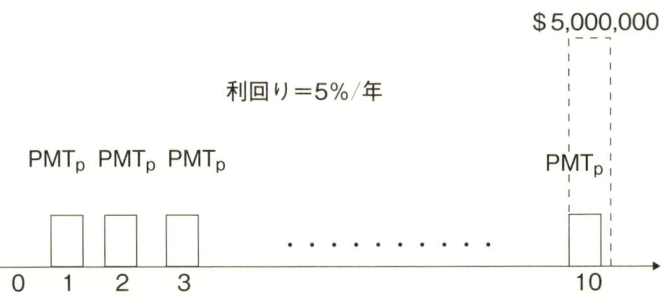

(2) **年金の現在価値（Present Value of Ordinary Annuity, PVOA）**

年金総額の現在価値は将来価値（FVOA）を n 年の期間で現在価値化したものだから、

$$PVOA = PMT_p \left[\frac{(1+i_p)^{n_p}-1}{i_p} \right] \times \frac{1}{(1+i_p)^{n_p}}$$

$$= PMT_p \left[\frac{1-(1+i_p)^{-n_p}}{i_p} \right]$$

$$PVOA = PMT_p \left[\frac{1-(1+i_p)^{-n_p}}{i_p} \right]$$

また、永久年金の現在価値は上の式で $n_p \to \infty$ と考えればよいから、

$$PVPER = PMT_p \left[\frac{1-(1+i_p)^{-\infty}}{i_p} \right] = \frac{PMT_p}{i_p}$$

$$PVPER = \frac{PMT_p}{i_p}$$

(注) 永久年金の考え方から n 期間の年金公式を導出すれば次のとおり。
永久年金の現在価値は

$$PVPER = \frac{PMT_p}{i_p} \cdots\cdots ①$$

他方、n+1 年後から支払われる永久年金の n 年後の価値も同様に

$$\text{PVPER at time n} = \frac{\text{PMT}_p}{i_p} \cdots\cdots ②$$

この将来から開始する年金②の現在価値は、

$$\text{PV}(\text{PVPER at time n}) = \frac{\text{PMT}_p}{i_p} \times \frac{1}{(1+i_p)^{n_p}} \cdots\cdots ③$$

n年間のみ支払われる年金（1年後からn年後までn回）は①から③を差し引いたものだから、

$$\text{PVOA} = \frac{\text{PMT}_p}{i_p} - \left[\frac{\text{PMT}_p}{i_p} \times \frac{1}{(1+i_p)^{n_p}}\right] = \frac{\text{PMT}_p}{i_p}\left[1 - \frac{1}{(1+i_p)^{n_p}}\right]$$

これを整理して、

$$\therefore \text{PVOA} = \text{PMT}_p\left[\frac{1-(1+i_p)^{-n_p}}{i_p}\right]$$

【年金の現在価値　イメージ図】

［永久年金　①］

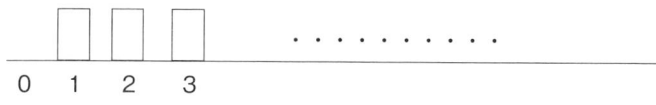

［n+1 より開始する永久年金　③］

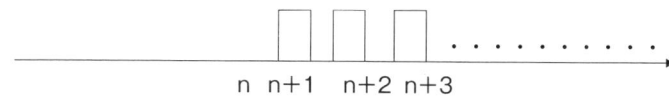

［n年間の年金　①－③］

(3) 期初払年金（Annuity due）の将来価値と現在価値

期初払年金は期末払年金に比べて各年金のタイミングが1期早い。よって年金の運用期間が1期分多いので将来価値、現在価値ともに $(1+i_p)$ 倍であると考える。

将来価値総額は、

$$FV(\text{Annuity due}) = PMT_p \left[\frac{(1+i_p)^{n_p} - 1}{i_p} \right] (1+i_p)$$

現在価値は、

$$PV(\text{Annuity due}) = PMT_p \left[\frac{1 - (1+i_p)^{-n_p}}{i_p} \right] (1+i_p)$$

TI BA II Plus では期初払いのときには計算モードを BEGIN Mode に変更すると計算が簡単になる（次の例題参照）。

例題 毎期初 $5,000 ずつ10年にわたって受け取る年金がある。年率6％で複利運用されるとすれば、10年後の元利総額はいくらになるか（期初払年金の将来価値）。

解答

$$FV(\text{Annuity due}) = PMT_p \left[\frac{(1+i_p)^{n_p} - 1}{i_p} \right] (1+i_p)$$

$$= (\$5,000) \left[\frac{(1+0.06)^{10} - 1}{0.06} \right] (1+0.06)$$

$$= \underline{\$69,858.21}$$

TI BA II Plus では、まず BEGIN Mode に変更する。

 2nd BGN

 2nd SET

 2nd QUIT（右上に BGN の表示が出る）

次に、年金の将来価値を計算する。

 5000 PMT

 6 I/Y

 10 N

 0 PV

 → CPT FV=69,858.2132

［この後 END Mode に戻しておくことを忘れずに！］

 2nd BGN

 2nd SET

 2nd QUIT（右上の BGN が消える）

(4) 年金計算の応用（教育費準備、住宅ローン返済額）

年金計算は将来の教育費準備や住宅ローン返済額計算に応用できる。

> **例題**　［一括預託額を求める］　6年後からスタートし4年間の教育費が毎年 $30,000 かかると見込まれている。金利は8％であるとすれば、現在、一括していくらの金額を預託すればよいか。

解答

4年間支払う $30,000 を年金同様に考え、5年後時点での現在価値を求める。

 N=4, I/Y=8, PMT=30,000, FV=0 → CPT PV=-99,363.8052

これを5年間割り引けば現在価値が求められるから、

 FV=-99,363.8052, N=5, I/Y=8, PMT=0 → CPT <u>PV=$67,625.33</u>

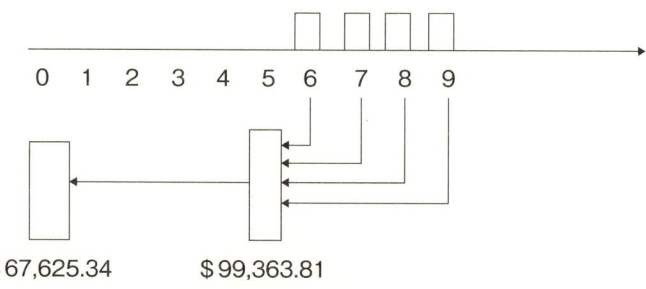

$67,625.34 $99,363.81

> **例題** ［住宅ローンの月額返済額を求める］ 住宅を購入するために$300,000の銀行借入れを行った。金利は年率12%である（月利1%で複利計算）。30年返済とすれば毎月の元利均等返済額はいくらか。

解答

月利1%、返済月数12×30=360カ月ゆえ、

N=360, I/Y=1, PV=300,000, FV=0→ CPT　PMT=－$3,085.84

● 演 習

Q1 ［債券の現在価値］ 額面$1,000,000の10年物社債がある。クーポンは年率5%（半年ごと払い）、イールドは5%である。現在価値はいくらか。

　a　$950,000.00
　b　$1,000,000.00
　c　$1,080,000.00

> 解答　b
>
> 半期払いゆえ、クーポン（PMT）、イールド（I/Y）ともに半分の2.5%として計算する。
>
> 　N=20, I/Y=2.5, PMT=25,000, FV=1,000,000→ CPT

> PV=－＄1,000,000.00

Q2 ［年金利回り］ 宝くじで＄24,000,000当たった。ところが毎年＄923,076の26回分割払いという条件である（第1回目はいますぐ支払われる）。ABCファイナンス会社が、この宝くじ当たり券を＄6,000,000現金一括払いで買い取るというオファーをしてきた。ABC社は何％での運用を前提としているか。

 a 7.5％
 b 15.0％
 c 17.9％

> 解答　c
> 期初払い（annuity due）にmodeを変更したうえで、
> N=26, PV=－6,000,000, PMT=923,076, FV=0→ CPT　I/Y=17.88

Q3 ［年金の現在価値］ 四半期ごとに年金を＄3,000ずつ10年間にわたって受け取る。年率8％（四半期ごとの複利）だとすれば、現在価値はいくらか。

 a 80,521.00
 b 82,066.44
 c 83,707.74

> 解答　b
> 四半期払いなので期間数を40回、四半期金利を2％として計算する。
> N=40, I/Y=2, PMT=3,000, FV=0→ CPT　PV=－82,066.44

Q4 ［元利均等返済額］　ジョンはヨットを＄60,000で購入した。＄10,000は手付けとして手元現金で支払い、残り＄50,000については銀行借入れとした。銀行借入金利を12％（月次複利）とし、2年間毎月元利均等で返済するとすれば毎月の支払はいくらになるか。

　　a　＄2,824.40
　　b　＄2,465.40
　　c　＄2,353.67

解答　c

期間数は12×2＝24、月利は12％÷12＝1％。

N=24, I/Y=1, PV=50,000, FV=0→ CPT　PMT＝－2,353.67

Q5 ［投資の現在価値］　次のようなキャッシュフローが期待される商品に投資を行う。割引率を10％とすると現在価値はいくらか。

End of Year　　1　　　　2　　　　3
Cash Flows　＄50　　＄0　　＄1,500

　　a　＄1,172.43
　　b　＄1,285.10
　　c　＄1,409.05

解答　a

各キャッシュフローの現在価値を合計する。

$$\frac{\$50}{1.10}+\frac{\$1,500}{(1.10)^3}=\underline{\$1,172.43}$$

◆ 重要概念・重要公式まとめ ◆

- 要求収益率

  Required Rate of Return
  　　＝Real Risk-free Rate＋Expected Inflation＋Risk Premium

  ➢ 要求収益率（required rate of return）……投資家をして投資しようと思わせる最低利回り。
  ➢ 割引率（discount rate）……投資における将来キャッシュフローの現在価値を求めるための金利。
  ➢ 機会費用（opportunity cost）……特定の投資を行うことで失われる投資機会の収益のこと。

- 将来価値（The Future Value）

  $FV = PV(1+i_p)^{n_p}$

  $i_p = \dfrac{i}{m}$

  $n_p = mn$

  　FV：将来価値（future value）
  　PV：現在価値（present value）
  　i_p：ある特定期間の金利
  　n_p：複利計算を行う総期間数
  　i：年率（annual rate of return）
  　n：投資期間（年数）
  　m：1年間で何回複利運用を想定するか
  　　　（半年ごとなら2回、四半期ごとなら4回、月次なら12回）

- 連続複利計算（continuous compounding）のときの将来価値

  $FV = PV(e^{rn})$

- 名目金利（Nominal Rates, Annual Percentage Rate, APR）

  $i_s = i_{APR} = m i_p$

- 実効金利 (Effective Annual Rate, EAR)

$$i_{EAR} = (1+i_p)^m - 1$$

- ボンド換算金利 (Bond Equivalent Yield, BEY)

$$i_{BEY} = [(1+i_p)^{m/2} - 1] \times 2$$

$$i_{BEY} = (半年間の実効金利) \times 2 = [(1+月利)^{12/2} - 1] \times 2$$

$$i_{BEY} = (半年間の実効金利) \times 2 = [(1+四半期金利)^{4/2} - 1] \times 2$$

- 年金の将来価値 (Future Value of Ordinary Annuity, FVOA)

$$FVOA = PMT_p \left[\frac{(1+i_p)^{n_p} - 1}{i_p} \right]$$

- 年金の現在価値 (Present Value of Ordinary Annuity, PVOA)

$$PVOA = PMT_p \left[\frac{1 - (1+i_p)^{-n_p}}{i_p} \right]$$

- 永久年金の現在価値

$$PVPER = \frac{PMT_p}{i_p}$$

- 期初払年金 (Annuity due) の将来価値

$$FV(\text{Annuity due}) = PMT_p \left[\frac{(1+i_p)^{n_p} - 1}{i_p} \right] (1+i_p)$$

- 期初払年金 (Annuity due) の現在価値

$$PV(\text{Annuity due}) = PMT_p \left[\frac{1 - (1+i_p)^{-n_p}}{i_p} \right] (1+i_p)$$

第 2 講

ディスカウント・キャッシュフロー

この講のポイント

- ネット・プレゼント・バリュー（NPV）の計算ができるか
- 内部収益率（IRR）の計算ができるか
- 保有期間利回り、金額加重利回り、時間加重利回りを区別し計算できるか

1 ネット・プレゼント・バリュー（Net Present Value）

ネット・プレゼント・バリュー（NPV）は資本予算で用いられる概念である。投資案件として複数の候補がある場合、各案件のキャッシュフロー（CF_n）を要求収益率（r）で現在価値化し、現在価値合計の大小で投資案件の決定を行うことになる。その際、リターン金額（入金）の符号は正、投資金額（出金）の符号は負とするのが普通。

$$\mathrm{NPV} = CF_0 + \frac{CF_1}{(1+r)} + \frac{CF_2}{(1+r)^2} + \cdots + \frac{CF_n}{(1+r)^n}$$

例題 当初の投資額が$200,000でこの投資が生むキャッシュフローが以下のようであるとする。割引率（要求収益率）が10％であるとする

と NPV はいくらか。

年	キャッシュフロー
1	40,000
2	100,000
3	120,000

解答

$$\text{NPV} = -200{,}000 + \frac{40{,}000}{(1.10)} + \frac{100{,}000}{(1.10)^2} + \frac{120{,}000}{(1.10)^3} = \underline{\$9{,}166.04}$$

TI BA II Plus を使って計算する場合、

CF	200,000	+/−	ENTER	↓	
	40,000	ENTER	↓	↓	
	100,000	ENTER	↓	↓	
	120,000	ENTER			
NPV					
	10	ENTER	↓	CPT	

と操作し、$9,166.04 を得る。

2 内部収益率（Internal Rate of Return, IRR）

当初の投資金額と将来キャッシュフローの現在価値を等しくするような割引率を内部収益率と呼ぶ。投資の NPV を 0 とするような割引率といってもよい。

$$0 = -CF_0 + \frac{CF_1}{(1+\text{IRR})} + \frac{CF_2}{(1+\text{IRR})^2} + \cdots + \frac{CF_n}{(1+\text{IRR})^n}$$

（ここではあえて、当初キャッシュフローと将来キャッシュフローの符号が逆であることを明示するために $-CF_0$ と表示している）

| 例題 | 下記キャッシュフローのIRRはいくらか。 |

年	キャッシュフロー
0	(200,000)
1	40,000
2	100,000
3	120,000

解答

IRRの計算は計算機によらない場合、トライ&エラーにより計算せざるをえない。試験対策として電卓の機能に慣れることが必須。

TI BA II Plus の場合、

CF	200,000	+/−	ENTER	↓	
	40,000	ENTER	↓	↓	
	100,000	ENTER	↓	↓	
	120,000	ENTER			
IRR	CPT				

(IRR CPT の部分がNPV計算操作と異なる)

この結果、IRR＝12.21％を得る。

3　NPVとIRR

一般に、NPVとIRRを比較した場合、次の理由により、NPVのほうが優れるとされている。

① NPVは現在価値絶対額で投資家の利益を測定するが、IRRは利率での表示にとどまる。＄100が＄150になる投資（利回り50％）のほうが、＄1が＄2になる投資（利回り100％）よりも投資家にとっては魅力的であり、現在価値金額ベースで収益を表示するほうが投資家の実

感にあう。

② IRRは期中キャッシュフローを同じ利回りで再投資することを前提としている。高いIRR利回りの場合、この前提は非現実的。これに対しNPVでは事前に設定した要求収益率で割り戻す。このほうが前提としては現実的。

③ 期中キャッシュフローの符号が正負入り混じるときに、IRRでは答えが複数となることがあり（高次多項式の解は複数）理論的に解が1つに定まらない。

④ 複数の投資が互いに排他的でない場合（NPVが正ならすべて採択する）にはNPV法でもIRR法でも同じ答えとなるが、排他的な場合（いくつかのよいプロジェクトのみを採択する場合）キャッシュフローの金額とタイミングでプロジェクトの優劣順位が異なる。①と同じ理由で結果的に優先順位はNPV法のほうが妥当。

⑤ IRR法では高い利回りというだけでよいと判断されることになり、プロジェクトのリスク面が無視される。

4 利回り

(1) 保有期間利回り（Holding Period Return）

当初P_0の投資を行い、保有期間（1期）の最後にP_1の償還とCF_1の配当／利子収入があるとき、保有期間利回りは次の式により計算される。ファイナンスではキャピタルゲインとインカムゲインの両方を収益として計算する。

$$HPR = \frac{P_1 - P_0 + CF_1}{P_0}$$

例題　1株$60の株式を100株購入した。1年後株価は$75となり、ま

た別途 1 株当り＄3 の配当を期末に受け取った。この投資の保有期間利回りはいくらか。

解答

$$\text{HPR} = \frac{(\$75 - \$60 + \$3) \times 100}{\$60 \times 100} = \underline{0.30 \text{ or } 30\%}$$

(2) 金額加重収益率（Dollar-Weighted Rate of Return）

内部収益率（IRR）のこと。期中の運用利回りを一定と考えて当初投資額と将来キャッシュフローをつなぐ利回りを計算する。キャッシュフローの金額とタイミング両方を勘案して計算される収益率。金額加重収益率では大きなキャッシュフローがある場合、利回りはその影響を大きく受けるため、ファンドのパフォーマンス評価には適していないとされる。

(3) 時間加重収益率（Time-Weighted Return）

時間加重収益率 r_{TW} とは各年ごとの保有期間収益率 r_i を算出したうえでこれを幾何平均して求める収益率（geometric return）のことをいう。いつどれだけ大きなキャッシュフローの出入りがあったかに左右されないため（ファンドマネジャーのコントロール外にある大きな解約や大きな預入があっても利回りには影響がない）ファンドのパフォーマンス測定に適している。

$$r_{TW} = \sqrt[n]{(1+r_1)(1+r_2)\cdots(1+r_n)} - 1$$

ここで、各年度の年間利回り $r_i (= r_{annual})$ はこれを構成するサブ期間利回りの掛け算となる。たとえば四半期ごとの保有期間利回りがわかっている場合に年率を出そうとすれば、

$$r_{annual} = (1+\text{HPR}_{Q1})(1+\text{HPR}_{Q2})(1+\text{HPR}_{Q3})(1+\text{HPR}_{Q4}) - 1$$

例題　ポートフォリオマネジャーが顧客から＄20,000を預かり、株式で運用した。2年間の資金の出入り、運用損益を含めた残高は以下のとおりである。

(1) 金額加重収益率を求めよ。
(2) 時間加重収益率を求めよ。

時期 Time	投資家入金 Contributions	投資家出金 Withdrawals	ポートフォリオ時価残高 Portfolio Value
0カ月	＄20,000	＄0	＄20,000
6	0	2,000	22,000
12	0	0	26,000
18	2,000	0	30,000
24	0	22,000	22,000

解答

(1) 金額加重収益率

内部収益率（IRR）を求めるのと同じ。ここでは入金を「負」、出金を「正」としてインプットすることとする。TI BA II Plus では、

　　CF　20,000　＋／－　Enter　↓
　　　　2,000　　　　　Enter　↓　↓
　　　　　　0　　　　　Enter　↓　↓
　　　　2,000　＋／－　Enter　↓　↓
　　　22,000　　　　　Enter　IRR　CPT

⇒ Answer　2.53%

入力をチェックするために↑↓で電卓の画面表示をみれば、

　表示 CO1＝2,000

　表示 CO2＝0

表示 CO3＝－2,000

表示 CO4＝22,000

となっているはずである。

ここで計算された2.53%は半期単位の利回りであるから、年率は

2.53% ×2＝<u>5.06%</u>

(2) 時間加重収益率

・各期間の保有利回り

・1年間の利回り

・幾何平均利回り

という手順で計算する。

（各期間保有利回り）

$$\text{HRR}_{\text{1st 6mnts}} = \frac{22,000-20,000+2,000}{20,000} = 0.20 \text{ or } 20.0\%$$

$$\text{HRR}_{\text{2nd 6mnts}} = \frac{26,000-22,000+0}{22,000} = 0.1818 \text{ or } 18.18\%$$

$$\text{HRR}_{\text{3rd 6mnts}} = \frac{30,000-26,000-2,000}{26,000} = 0.0769 \text{ or } 7.69\%$$

$$\text{HRR}_{\text{4th 6mnts}} = \frac{22,000-30,000+0}{30,000} = -0.2667 \text{ or } -26.67\%$$

（各年利回り）

$r_1 = (1+0.20)(1+0.1818) - 1 = 0.4182 \text{ or } 41.82\%$

$r_2 = (1+0.0769)(1-0.2667) - 1 = -0.2103 \text{ or } -21.03\%$

（幾何平均－時間加重収益率－）

$r_{\text{TW}} = \sqrt{(1+0.4182)(1-0.2103)} - 1 = \underline{0.0511 \text{ or } 5.11\%}$

● 演 習

Q1 ［ディスカウント・キャッシュフロー］ 投資家が下記キャッシュフ

ローを生むプロジェクトに投資しようとしている。要求収益率が年率20%であるとすればこの投資にいくらの資金を投入すべきか。近い金額を選択せよ。

YR1	YR2	YR3	YR4	YR5
$15,000	9,000	9,000	9,000	33,000

a　$75,600
b　$41,600
c　$37,500

解答　b

ディスカウント・キャッシュフロー法により現在価値を計算する。
（個別計算する場合）

　　1年目のPV　N=1, I/Y=20, PMT=0, FV=15,000
　　　　　　　　　　　　　　　　　→ CPT PV=－12,500
　　2年目のPV　N=2, I/Y=20, PMT=0, FV= 9,000
　　　　　　　　　　　　　　　　　→ CPT PV=－6,250
　　3年目のPV　N=3, I/Y=20, PMT=0, FV= 9,000
　　　　　　　　　　　　　　　　　→ CPT PV=－5,208.33
　　4年目のPV　N=4, I/Y=20, PMT=0, FV= 9,000
　　　　　　　　　　　　　　　　　→ CPT PV=－4,340.28
　　5年目のPV　N=5, I/Y=20, PMT=0, FV=33,000
　　　　　　　　　　　　　　　　　→ CPT PV=－13,261.96
　　　　　　　　　　　　　　　　　PV 合計　$41,560.57

（一括計算する場合）
　　CF　　　　0　Enter　↓
　　　　　15,000　Enter　↓↓
　　　　　 9,000　Enter　↓ 3　　Enter　↓

```
        33,000   Enter   NPV
           20    Enter    ↓      CPT
⇒ NPV=41,560.57
```

Q 2 株式ポートフォリオに関する取引の動きは次のとおり。このポートフォリオの時間加重収益率はいくらか。

Year	Transaction	Share Traded	Price
0	Buy	200	$ 200
1	Buy	400	$ 240
2	Buy	600	$ 264
3	Sell	1200	$ 288

a　13.00%

b　12.90%

c　11.60%

解答　b

時間加重収益率であるから、まず各期ごとの収益率を計算する。

$$\text{HPR}_1 = \frac{\$240}{\$200} - 1 = 0.20 \text{ or } 20.0\%$$

$$\text{HPR}_2 = \frac{\$264}{\$240} - 1 = 0.10 \text{ or } 10.0\%$$

$$\text{HPR}_3 = \frac{\$288}{\$264} - 1 = 0.09 \text{ or } 9.0\%$$

各期とも1年間であるから、時間加重収益率はこれらの幾何平均を求めればよい。

$$r_{TW} = \sqrt[3]{1.20 \times 1.10 \times 1.09} - 1 = \sqrt[3]{1.4388} - 1 = 1.4388^{\left(\frac{1}{3}\right)} - 1$$

$$=0.129 \text{ or } 12.90\%$$

(注) $\sqrt[3]{1.4388}$ は 1.4388 $\boxed{y^x}$ $(1 \boxed{\div} 3)=$ の順にインプットして 1.1289 を得る。

◆ 重要概念・重要公式まとめ ◆

- ネット・プレゼント・バリュー (Net Present Value, NPV)

$$\text{NPV} = \text{CF}_0 + \frac{\text{CF}_1}{(1+r)} + \frac{\text{CF}_2}{(1+r)^2} + \cdots + \frac{\text{CF}_n}{(1+r)^n}$$

- 内部収益率 (Internal Rate of Return, IRR)

  当初の投資金額と将来キャッシュフローの現在価値を等しくするような割引率。投資のNPVを0とする割引率。

$$0 = -\text{CF}_0 + \frac{\text{CF}_1}{(1+\text{IRR})} + \frac{\text{CF}_2}{(1+\text{IRR})^2} + \cdots + \frac{\text{CF}_n}{(1+\text{IRR})^n}$$

- 保有期間利回り (Holding Period Return)

$$\text{HPR} = \frac{P_1 - P_0 + \text{CF}_1}{P_0}$$

- 金額加重収益率 (Dollar-Weighted Rate of Return)

  内部収益率（IRR）のこと。期中の運用利回りを一定と考えて当初投資額と将来キャッシュフローをつなぐ利回り。金額加重収益率では大きなキャッシュフローがある場合、利回りはその影響を大きく受けるため、ファンドのパフォーマンス評価には適していない。

- 時間加重収益率 (Time-Weighted Return)

  時間加重収益率 r_{TW} とは各年ごとの保有期間収益率 r_i を算出したうえでこれを幾何平均して求める収益率（geometric return）のこと。キャッシュフローの出入り金額の大きさに左右されないため、ファンドのパフォーマンス測定に適している。

手順は、
- 各期間保有利回り計算
- 年間利回り計算(構成するサブ期間利回りの掛け算)
$$r_{annual} = (1+HPR_{Q1})(1+HPR_{Q2})(1+HPR_{Q3})(1+HPR_{Q4}) - 1$$
- 幾何平均利回り計算
$$r_{TW} = \sqrt[n]{(1+r_1)(1+r_2)\cdots(1+r_n)} - 1$$

第 3 講

統計の基本概念

この講のポイント

- 記述統計と推定的統計を区別せよ、パラメータとは何か
- 母集団と標本の違いを理解せよ
- 名義尺度、順序尺度、間隔尺度、比率尺度の違いを理解せよ
- 絶対頻度、相対頻度、ヒストグラム、度数多角形とは何か
- 算術平均、幾何平均、加重平均、調和平均それぞれを計算できるか
- メディアン、モードとは何か
- ばらつきを測る尺度（範囲、平均絶対偏差、分散、標準偏差、変動係数）を理解し計算できるようにせよ
- チェビシェフの不等式とは何か
- シャープ・レシオを理解し計算できるようにせよ
- 歪度、尖度、超過尖度とは何か

ここでは統計の基本的な概念を学ぶ。

1 統計の基本概念

(1) **統計のタイプ**

① 記述統計（Descriptive Statistics）

記述統計とは、大きなデータを簡単に要約して表示するためのもの

で、サンプル数、最大値、最小値、平均値、メディアン、標準偏差など。

② 推測的統計（Inferential Statistics）

　集めた標本データが母集団の一部であるとの認識に立ったうえで、データから母集団の特徴的な値（パラメータ、parameter、平均や分散など）を推定してその要約したパラメータで示すことができる。標本データから母集団のパラメータを推定する過程を統計的推測（statistical inference）と呼んでいる。

(2) 測定尺度（Measurement scale）

　量的変数（quantitative variable）とは数字で記述でき、平均などの計算を行うことに意味のある変数をいう。これに対して、質的変数（qualitative variable, categorical variable）とは単に異なるカテゴリーに属することを示すために数字を割り振る場合をいう。

　一般的にデータを測定し番号を振る場合、尺度（scale）には次の4つの種類がある。

① 名義尺度（Nominal scale）

　数字は単に属するグループのラベルとして用いられる。インデックス・ファンドに1、大型株ファンドに2、小型株ファンドに3を割り振った場合、この数字には順序や良し悪しの意味はない。単にラベルとしての意味があるだけである。

② 順序尺度（Ordinal scale）

　順序尺度では、データの大きさや品質により順序づけされる。たとえば1～100番目までの番号でランクづけする、この順序で優劣が存在することはわかるがどの程度優劣に違いがあるかはわからない。

③ 間隔尺度（Interval scale）

　時間や長さが間隔尺度の例である。数字は大小を表すとともに、隣合せの数字どうしの間隔は等しくなっている。よって、間隔の加算減算には意味がある。ただし0の位置（参照点としてのゼロ）は任意に

決められており、「存在しないこと」を意味するわけではない。摂氏（華氏）で示される温度が間隔尺度の例である。

④　比率尺度（Ratio scale）

比率尺度では2つの測定値の比を考えることができる。比率尺度では0に測定のスタート時点を示すという意味がある。＄や￥で測られる通貨単位は比率尺度の例である。

(3) **標本と母集団**

統計学では母集団（population）と標本（sample）という2つの概念を区別する。母集団とは調査分析者が関心をもつ測定値すべての集合を指す。

これに対して標本は母集団から選ばれた測定値の部分集合である。母集団から無作為に選ぶことを無作為抽出（random sampling）という。

(4) **データの頻度数とヒストグラム**

株価収益率（P/E）のデータを100個測定したところ、下記のようであったとする（小さいものから順に並び替えてある）。

7	7	7	8	8	8	8	9	9	9	10	10	10	11	11	11	12	12	12	12
12	12	12	13	13	13	13	14	14	14	14	14	14	15	15	16	16	16	17	
17	17	18	18	18	18	18	19	19	20	20	20	21	21	22	23	23	24	24	
24	25	25	26	26	26	26	27	28	28	28	28	29	29	29	29	29	29		
30	31	31	31	31	33	34	36	36	37	37	37	38	38	39	42	43	45	45	47

この値の度数をみれば（ここではP/E＝1からP/E＝24までの度数を表示）下記のような分布となる。

値	7	8	9	10	11	12	13	14	15	16	17	18	19	20	21	22	23	24
度数	3	4	3	3	3	7	4	7	2	3	3	6	2	3	2	1	2	3

P/Eを10ごとに区切って各範囲に属する度数（各区間にいくつの株式が該当するか）をみれば図表3－1のとおり。こうした表で示される個数を絶対度数（absolute frequency）という。

さらに、各度数を全体の個数（ここでは100個）で割った度数を相対度数

図表3-1　絶対度数

P/E ratio	絶対度数 Absolute Frequency
0〜10	13
10超〜20	40
20超〜30	28
30超〜40	14
40超〜50	5

図表3-2　相対度数

	絶対度数 Absolute Frequency	相対度数、頻度 Relative Frequency	累積相対度数 Cumulative Relative Frequency
0〜10	13	13/100=0.13	0.13
10超〜20	40	40/100=0.40	0.13+0.40=0.53
20超〜30	28	28/100=0.28	0.13+0.40+0.28=0.81
30超〜40	14	14/100=0.14	0.13+0.40+0.28+0.14=0.95
40超〜50	5	5/100=0.05	0.13+0.40+0.28+0.14+0.05=1.00
	100	1.00	

（頻度、relative frequency）という。絶対度数の合計はデータ数（ここでは100個）であるが、相対度数の合計は常に1.0となる（図表3-2）。

　絶対度数を棒グラフで示したものが図表3-3である。こうしたグラフをヒストグラム（histogram）と呼ぶ（横軸はP/E値の区間、縦軸は度数を示す）。

　ヒストグラムの頂点を線でつないだものを度数多角形（frequency polygon）と呼ぶ（x軸の値は区間の中心値、y軸は度数）。度数多角形により分布の形状の概要を知ることができる（図表3-4）。

図表3-3 ヒストグラム

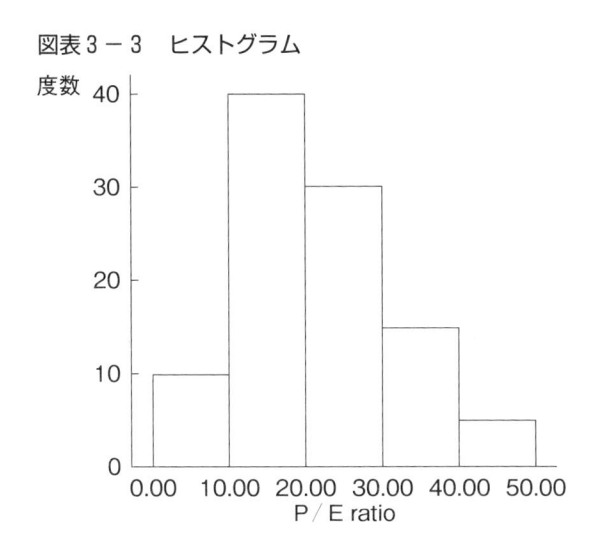

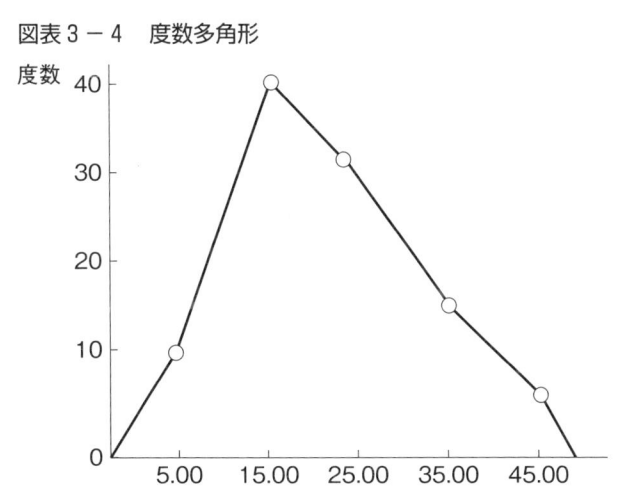

図表3-4 度数多角形

(5) データの中心値を表す尺度（Measures of Central Tendency）

統計上のパラメータとしては「中心値」を表すものと「ばらつき」を表すものが重要である。中心値を表すものとしては平均、メディアン、モードの3種類がある。また、平均には以下のように算術平均、幾何平均、加重平

均、調和平均がある。

① 算術平均（Arithmetic Mean）

母集団に N 個の値（$X_1, X_2, \cdots, X_N$）があるときその算術平均 μ_X（ミュー）は各値の和をNで割って求める（いわゆる平均）。通常、母集団の特徴を表す統計量（平均や標準偏差）はギリシャ文字で表示し、標本の統計量は英語のアルファベットで表示する。$\sum_{i=1}^{N} X_i$ は $X_1, X_2, \cdots, X_N$ のすべてを足し合わせることを意味する（和は英語では Sum であるから英語の S に該当するギリシャ文字 Σ（シグマ）で和を示す）。

$$\mu_X = \frac{\sum_{i=1}^{N} X_i}{N} \quad \text{(population mean)}$$

標本数が n 個であるとき、標本平均 $\overline{X}$（エックス・バー）は次の式による。

$$\overline{X} = \frac{\sum_{i=1}^{n} X_i}{n} \quad \text{(sample mean)}$$

② 幾何平均（Geometric Mean）

幾何平均は次の式による（母集団のときも標本のときも同じ）。

$\prod_{i=1}^{N} X_i$ は $X_1, \cdots, X_N$ までを掛け合わせることを意味する（積の英語は Product であるから英語の P に該当するギリシャ文字 Π（パイ）で積を示す）。

$$G_X = \left(\prod_{i=1}^{N} X_i\right)^{1/N} = (X_1 X_2 \cdots X_N)^{1/N} = \sqrt[N]{X_1 X_2 \cdots X_N}$$

例題 5、6、7、7、25の幾何平均はいくらか。

解答

$$G_X = (X_1 X_2 \cdots X_N)^{1/N} = [(5)(6)(7)(7)(25)]^{1/5}$$
$$= [36,750]^{1/5} = \underline{8.1856}$$

$[36,750]^{1/5}$ の計算は TI BA II Plus では、36750 $\boxed{y^x}$ $(1 \div 5) =$ とインプットして8.1856を得る。

幾何平均の公式で $X_n = 1 + r_n$ と置き換えると、年間金利を r_i とするときの幾何平均 r_G を求める公式が導出できる。

$$1 + r_G = [(1+r_1)(1+r_2)\cdots(1+r_n)]^{1/n}$$

幾何平均利回り
$$r_G = \sqrt[n]{(1+r_1)(1+r_2)\cdots(1+r_n)}$$

---

③ 加重平均（Weighted Mean）

5、5、5、7、7の算術平均は

$$\overline{X} = \frac{\sum_{i=1}^{n} X_i}{n} = \frac{(5+5+5+7+7)}{5} = \frac{29}{5} = 5.8 \text{ であるが、}$$

$$\overline{X} = \left(\frac{3}{5}\right)(5) + \left(\frac{2}{5}\right)(7) = 5.8 \text{ でも求められる。}$$

すなわち算術平均は Σ（相対頻度 × 値）と考えれば、
$$X_W = \sum_{i=1}^{n} w_i X_i$$

ここで、w_i は X_i の相対頻度（ウェイト）で、ウェイトの合計は $\sum_{i=1}^{n} w_i = 1$ となる。

例題 36株式の P/E ratio の分布は下表のとおり。P/E の加重平均値を求めよ。

株式数	P/E 比率(X_i)	ウェイト(w_i)
10	5	10/36＝0.278
8	6	8/36＝0.222
12	7	12/36＝0.333
6	25	6/36＝0.167
合計　36		1.000

[解答]

$$\overline{X}_w = \sum_{i=1}^{n} w_i X_i = 0.278(5) + 0.222(6) + 0.333(7) + 0.167(25) = \underline{9.228}$$

④　調和平均（Harmonic Mean）

算術平均は、

$$\overline{X}^1 = \frac{\sum_{i=1}^{n} X_i^1}{n}$$

であるが、累乗部分の1を−1に置き換えた(注)ものが新たな中心値を表すものとすると、

$$\overline{X}^{-1} = \frac{\sum_{i=1}^{n} X_i^{-1}}{n}$$

$$\frac{1}{\overline{X}} = \frac{\sum_{i=1}^{n} \frac{1}{X_i}}{n}$$

こうして計算した新たな中心値を調和平均という。

調和平均

$$\overline{X}_H = \frac{n}{\sum_{i=1}^{n}\left(\frac{1}{X_i}\right)}$$

調和平均はダラーコスト平均法で株式を購入したとき（定額天引き

積立を想定せよ）の平均株価の計算に用いることができる。

(注) ちなみに、肩の部分の数字を 2 に変えると、二乗平均となる。

$$\overline{X}^2 = \frac{\sum_{i=1}^{n} X_i^2}{n}$$

$$\therefore \overline{X} = \sqrt{\frac{\sum_{i=1}^{n} X_i^2}{n}}$$

例題 毎年 $1,000 ずつ株式を購入するとする。3 年間の株価は下記のとおり。3 年後の購入平均単価はいくらか。

年	投資額	株式単価	購入株式数
1	$1,000	$50.00	20
2	1,000	40.00	25
3	1,000	45.40	22

解答

購入平均株価ゆえ、各年の購入単価を加重平均して求めることができる。

$$\overline{X}_w = \sum_{i=1}^{3} w_i X_i = \left(\frac{20}{67}\right) \$50.00 + \left(\frac{25}{67}\right) \$40.00 + \left(\frac{22}{67}\right) \$45.40 = \underline{\$44.78}$$

ダラーコスト平均法での購入では調和平均を用いれば、各年の購入株数を計算することなしに、平均単価を求めることができる。

$$\overline{X}_H = \frac{3}{\sum_{i=1}^{3} \left(\frac{1}{X_i}\right)} = \frac{3}{\frac{1}{\$50.00} + \frac{1}{\$40.00} + \frac{1}{\$45.40}} = \underline{\$44.78}$$

⑤ メディアン（中央値、Median）

データを大きい順に並べた真ん中の値をメディアン（median）という。データの半分がその値より小さいということになる。離散データ

の場合、たとえばデータ数が 5 個（奇数）のときは 3 番目（$\frac{n+1}{2}=\frac{5+1}{2}=3$）をメディアンとし、8 個（偶数）のときは 4 番目と 5 番目の値の平均をメディアンとする。連続データの場合には確率

図表 3 − 5　平均、中央値、最頻値の順序（正の歪度の場合）

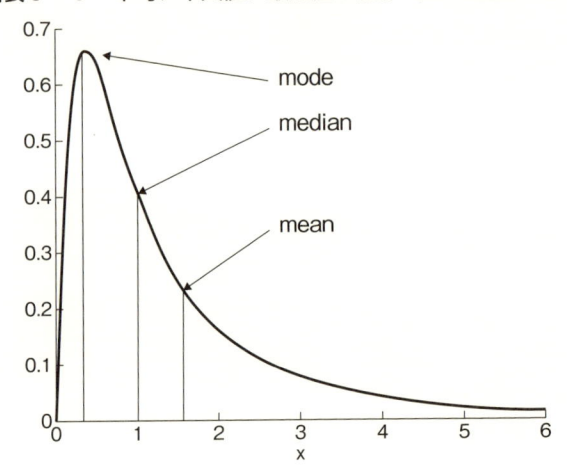

図表 3 − 6　平均、中央値、最頻値の順序（負の歪度の場合）

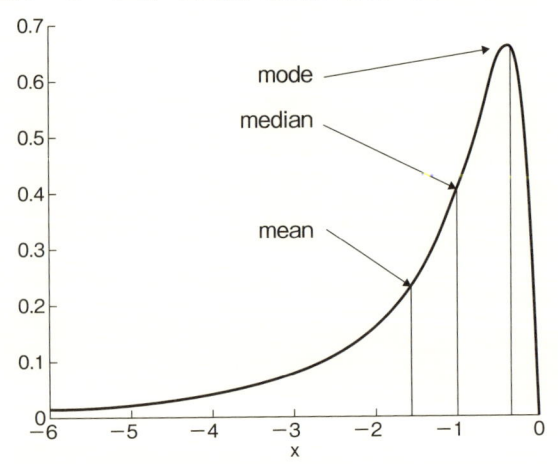

密度分布の面積を半分に分ける点をメディアンとする。メディアンは平均とは異なり外れ値（outliers, extreme values）の影響を受けにくく頑健（robust）であるという特徴を有する。

⑥　モード（最頻値、Mode）

データのなかで最も頻度の高い値をモード（最頻値、mode）と呼ぶ。モードもメディアン同様、外れ値の影響を受けにくい。

確率密度関数が連続で右裾が重い（右に延びる）分布のとき、値の大きいほう（右）から mean、median、mode とアルファベット順に並ぶ。左裾が重いときには逆に、値の小さいほう（左）から mean、median、mode の順となる（図表3－5、3－6）。

2　ばらつきを測る尺度

ばらつき／散らばり度合い（variability, dispersion）を図る尺度も重要なパラメータである。

①　範囲（Range）

最大値と最小値の差を範囲という。

$$\text{Range} = X_{max} - X_{min}$$

> 例題　P/E 比率のデータは次のとおりであるとする。範囲はいくらか。
> 20、24、28、28、100

解答

$\text{Range} = X_{max} - X_{min} = 100 - 20 = \underline{80}$

②　平均絶対偏差（Mean Absolute Deviation）

観測値と平均値との差の絶対値を平均したもの。観測データが平均

値からどれだけ乖離しているかを絶対値で測るもの。

$$MAD_x = \frac{\sum_{i=1}^{N}|X_i - \mu_x|}{N}$$

例題 P/E 比率のデータは次のとおりであるとする。平均絶対偏差（MAD）はいくらか。

20、24、28、28、100

解答

まず平均を求める。

$$\mu_x = \frac{\sum_{i=1}^{N} X_i}{N} = \frac{20+24+28+28+100}{5} = 40$$

平均からの乖離幅 MAD を求める。

$$MAD_x = \frac{\sum_{i=1}^{N}|X_i - \mu_x|}{N}$$

$$= \frac{|20-40|+|24-40|+|28-40|+|28-40|+|100-40|}{5}$$

$$= \frac{20+16+12+12+60}{5} = \underline{24}$$

③ 分散（Variance）と標準偏差（Standard Deviation）

分散とは、観測値と平均値との差（平均値からの偏差）を二乗したものの平均である。データが母集団全体であるとき、母集団分散 σ_x^2 は観測値と平均の差を二乗したものの合計を N で割ることによって求められる。

標本分散 s_x^2 は偏差平方の合計を $n-1$ で割ることによって求めら

れる。

標準偏差（standard deviation）は分散の平方根である。

母集団分散（Population Variance）
$$\sigma_X^2 = \frac{\sum_{i=1}^{N}(X_i - \mu_X)^2}{N}$$

母集団標準偏差（Population Standard Deviation）
$$\sigma_X = \sqrt{\sigma_X^2}$$

標本分散（Sample Variance）
$$s_X^2 = \frac{\sum_{i=1}^{n}(X_i - \overline{X})^2}{n-1}$$

標本標準偏差（Sample Standard Deviation）
$$s_X = \sqrt{s_X^2}$$

例題 P/E 比率のデータは次のとおりであるとする。データが母集団である場合と、標本である場合それぞれの標準偏差はいくらか。

20、24、28、28、100

解答

平均、偏差合計までは同じ。分散を計算する際、母集団ではNで割り、標本ではn−1で割る。

（母集団）

$$\mu_X = \frac{\sum_{i=1}^{N}X_i}{N} = \frac{20+24+28+28+100}{5} = \underline{40}$$

$$\sigma_X^2 = \frac{\sum_{i=1}^{N}(X_i-\mu_X)^2}{N}$$

$$= \frac{(20-40)^2+(24-40)^2+(28-40)^2+(28-40)^2+(100-40)^2}{5}$$

$$= \frac{400+256+144+144+3600}{5} = \frac{4544}{5} = \underline{908.8}$$

$$\sigma_X = \sqrt{\sigma_X^2} = \sqrt{908.8} = \underline{30.15}$$

(標本)

$$\overline{X} = \frac{\sum_{i=1}^{n}X_i}{n} = \frac{20+24+28+28+100}{5} = \underline{40}$$

$$s_X^2 = \frac{\sum_{i=1}^{n}(X_i-\overline{X})^2}{n-1}$$

$$= \frac{(20-40)^2+(24-40)^2+(28-40)^2+(28-40)^2+(100-40)^2}{5-1}$$

$$= \frac{4544}{4} = \underline{1136.0}$$

$$\sigma_X = \sqrt{\sigma_X^2} = \sqrt{1136.0} = \underline{33.70}$$

④　変動係数 (Coefficient of Variation)

標準偏差を平均値で標準化したものを変動係数 (Coefficient of Variation) という。

母集団の変動係数

$$\text{Coefficient of Variation(population)} = \frac{\sigma_X}{\mu_X}$$

標本の変動係数

$$\text{Coefficient of Variation(sample)} = \frac{s_X}{\overline{X}}$$

> **例題** A株式の1株当り収益は＄4.00、標準偏差は＄0.60である。他方、B株式の1株当り収益は＄10.00、標準偏差は＄1.00である。相対的に変動リスクが大きいのはどちらか。変動係数を用いて比較せよ。

解答

$$\text{Coefficient of Variation(A)} = \frac{\sigma_A}{\mu_A} = \frac{\$0.60}{\$4.00} = 15\%$$

$$\text{Coefficient of Variation(B)} = \frac{\sigma_B}{\mu_B} = \frac{\$1.00}{\$10.00} = 10\%$$

変動係数はAのほうが大であるから、A株式のほうが相対的リスクは大きい。

3　チェビシェフの不等式

データがどんな確率分布に従うときでも、(標準偏差×k) の範囲に入るデータの比率に関して次のチェビシェフの不等式が当てはまる (標準偏差×k の範囲内に最低○○％以上が含まれる)。

> (標準偏差×k) の範囲に入るデータの比率 $\geq 1 - \frac{1}{k^2}$, (for all k＞1)

(注)　CFA® では以下の証明は要求されないが、チェビシェフの不等式は以下の二段構えで証明できる。まずはマルコフの不等式の証明から。

> マルコフの不等式 (Markov Inequality)
> $\Pr(X \geq t) \leq \frac{E(X)}{t}$

(証明)　X が 0 以上の離散の確率変数であるとし (連続でも考え方は同じ)、確

率関数を $f(x)$ で表現するとする。Xの期待値は（t>0とする）、

$$E(X) = \sum_x xf(x) = \sum_{x<t} xf(x) + \sum_{x\geq t} xf(x)$$

Xは0あるいは正であるから、その部分集合も0または正。よって

$$E(X) \geq \sum_{x\geq t} xf(x) \geq \sum_{x\geq t} tf(x) = t\Pr(X \geq t)$$

$$\Pr(X \geq t) \leq \frac{E(X)}{t}$$

（証明終わり）

次にマルコフの不等式を使ってチェビシェフの不等式を導く。

チェビシェフの不等式

$$\Pr(|X - E(X)| \leq k) \geq 1 - \frac{\mathrm{Var}(X)}{k^2}$$

（証明） Xを確率変数とし、分散 Var(X) が存在するとする。ここでk>0。
XとXの期待値との偏差平方をYを置くと、

$$Y = [X - E(X)]^2$$

Yは0または正であるから、

$$\Pr(Y \geq 0) = 1$$

また偏差平方に各確率を掛けたものは分散の定義に等しいから、Yの期待値はXの分散に等しい。

$$E(Y) = E[[X - E(X)]^2] = \sum_x \Pr(X_i)[X_i - E(X)]^2 = \mathrm{Var}(X)$$

$$\Pr(|X - E(X)| \geq k) = \Pr(|X - E(X)|^2 \geq k^2) = \Pr(Y \geq k^2)$$

マルコフの不等式より

$$\Pr(X \geq t) \leq \frac{E(X)}{t}$$

ここで、XにYを代入、tに k^2 を代入する。またYの期待値はXの分散であるから

$$\Pr(Y \geq k^2) \leq \frac{E(Y)}{k^2} = \frac{\mathrm{Var}(X)}{k^2}$$

$$\therefore \quad \Pr(|X - E(X)| \geq k) \leq \frac{\mathrm{Var}(X)}{k^2}$$

$$\therefore \Pr(|X-E(X)| \leq k) \geq 1 - \frac{\text{Var}(X)}{k^2}$$

（証明終わり）

> **例題** なんらかの確率密度関数に従う確率変数がある。標準偏差を σ とし、平均値から $\pm 3\sigma$ 以内に入る確率はいくらか。

解答

チェビシェフの不等式を使って、$k=3\sigma$ とすれば、

$$\Pr(|X-E(X)| \leq 3\sigma) \geq 1 - \frac{\text{Var}(X)}{(3\sigma)^2} = 1 - \frac{\sigma^2}{9\sigma^2} = \frac{8}{9}$$

となり、<u>3σ の範囲内に 8/9 以上</u>が含まれることになる。

4　シャープ・レシオ（Sharpe Ratio）

リスクフリー・レートを上回る超過収益を標準偏差（リスク）で割った尺度をシャープ・レシオと呼ぶ。ポートフォリオ運用成績の評価に用いられる。

$$\text{Sharpe Ratio} = \frac{\overline{R}_P - R_f}{\sigma_P}$$

> **例題** 過去5年間のポートフォリオのリターンが20％、30％、16％、－40％、24％であったとする。このファンドのシャープ・レシオはいくらか。リスクフリー・レートは4％。

解答

（平均リターンの計算）

$$\overline{X} = \overline{R}_P = \frac{\sum_{i=1}^{5} X_i}{5} = \frac{20+30+16-40+24}{5} = 10\%$$

（標本分散の計算）

$$s_X^2 = \frac{\sum_{i=1}^{n}(X_i - \mu_X)^2}{n-1}$$

$$= \frac{(20-10)^2 + (30-10)^2 + (16-10)^2 + (-40-10)^2 + (24-10)^2}{5-1}$$

$$= \frac{100 + 400 + 36 + 2500 + 196}{4} = \frac{3232}{4} = 808$$

（標準偏差）

$$s_X = \sqrt{808} = 28.43$$

（シャープ・レシオ）

$$\text{Sharpe Ratio} = \frac{\overline{R_P} - R_f}{s_P} = \frac{10 - 4}{28.43} = \underline{0.211}$$

5　四分位点、パーセンタイル点

　データを小さい順に並べて4つに区分した際に1/4、2/4、3/4に当たるデータの値を四分位点（quartile）という。5つに区分したときの五分位点は quintile といい、十分位点は decile、百分位点は percentile である。

$$y\text{ 番目の四分位点} : L_{\text{Quartile } y} = \frac{y}{4}(N+1)$$

$$y\text{ 番目の五分位点} : L_{\text{Quintile } y} = \frac{y}{5}(N+1)$$

$$y\text{ 番目の十分位点} : L_{\text{Decile } y} = \frac{y}{10}(N+1)$$

$$y\text{ 番目のパーセンタイル点} : L_{\text{Percentile } y} = \frac{y}{100}(N+1)$$

> **例題** 小さい順に並べたとき、次のような順になる19個のデータがある。この第1、第2、第3四分位点の値を求めよ。
> 12, 17, 22, 24, 24, 25, 26, 29, 32, 35, 35, 43, 44, 46, 47, 54, 56, 65, 67

解答

$$L_{\text{Quartile 1}} = \frac{1}{4}(19+1) = 5\text{th item} \rightarrow \underline{24}$$

$$L_{\text{Quartile 2}} = \frac{2}{4}(19+1) = 10\text{th item} \rightarrow \underline{35}$$

$$L_{\text{Quartile 3}} = \frac{3}{4}(19+1) = 15\text{th item} \rightarrow \underline{47}$$

6 歪度 (skewness)

左右対称 (symmetry) でない分布をゆがみある分布 (skewed distribution) と呼ぶ。歪度 (S_K) の定義を母集団データの場合と標本データの場合について示せば以下のとおり。

$$S_{K\text{Population}} = \left(\frac{1}{N}\right)\left[\frac{\sum_{i=1}^{N}(X_i - \mu_X)^3}{\sigma_X^3}\right]$$

$$S_{K\text{Sample}} = \left[\frac{n}{(n-1)(n-2)}\right]\left[\frac{\sum_{i=1}^{N}(X_i - \overline{X})^3}{s_X^3}\right]$$

対数正規分布のように右裾が重い分布 (左に偏った) の場合を歪度が正 (positively skewed) であるといい、左裾が重い (右に偏った) 場合を歪度が負 (negatively skewed) であるという (図表3-7、3-8)。

母集団の歪度の定義が示すように、歪度はデータの平均値からの各偏差の

図表3-7　正の歪度をもつ分布

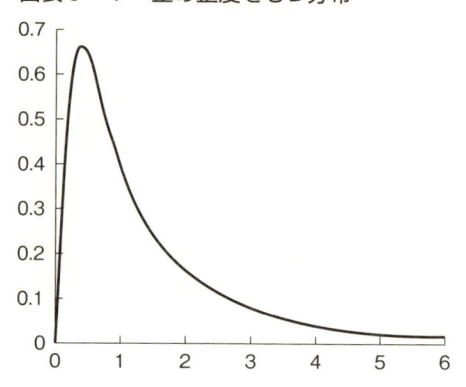

図表3-8　負の歪度をもつ分布

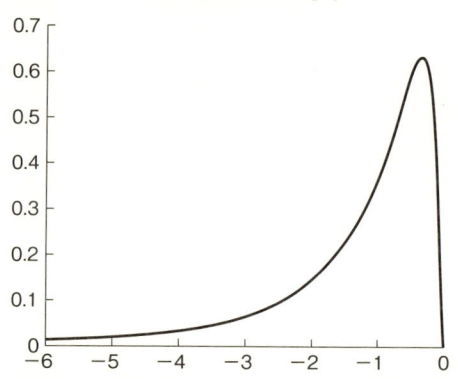

三乗を加算したものをデータ数で割り（三次のモーメント）、さらに標準偏差の三乗で標準化したものである。分布が右裾を引くようであれば右側の外れ値の三乗の影響が大きく（正の三乗は正）歪度は正となり、左裾を引く分布の場合は左側の外れ値の影響（負の三乗は負）が大きく歪度は負となる。

7　尖度（kurtosis）

　分布の尖り方を示すのが尖度（kurtosis）である。真ん中が尖っている分布ほど裾が重いという特徴をもつため、尖度は裾の重さ（heavy tail, fat tail）

の度合いを測る尺度となる。尖度の大きい分布を急尖な分布（leptokurtic distribution, fat tail）と呼び、尖度の小さい分布を緩尖な分布（platykurtic distribution, skinny tail）と呼ぶ（図表3－9）。尖度の定義式は以下のとおり。

$$K_{Population} = \left(\frac{1}{N}\right)\left[\frac{\sum_{i=1}^{N}(X_i - \mu_X)^4}{\sigma_X^4}\right]$$

$$K_{Sample} = \left[\frac{n(n-1)}{(n-1)(n-2)(n-3)}\right]\left[\frac{\sum_{i=1}^{N}(X_i - \overline{X})^4}{s_X^4}\right]$$

歪度が三次のモーメントであるのに対し、尖度は四次のモーメントであり、偏差を四乗することから裾が重いほど値は大きくなる。尖度が大きいほど分布の裾が重くなるというのは重要な特徴である。大きな異常値の発生確率が高くなるからである。

正規分布の場合、尖度が3となることから、尖度から3を差し引いた超過尖度（Excess Kurtosis）もよく用いられる尖度を示す指標である。

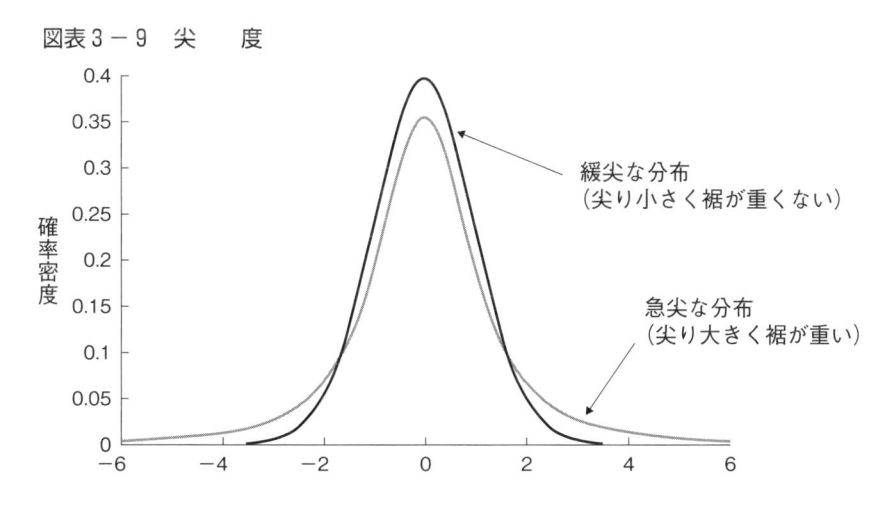

図表3－9　尖　　度

> Excess Kurtosis＝K－3

● 演　習

Q1 次の4種類の株式からなるポートフォリオがある。このポートフォリオを構成する株式の加重平均株価はいくらか。

Stock	Price	Number of Shares
A	$24.00	300
B	$16.00	150
C	$22.00	150
D	$20.00	600

a　$20.48
b　$20.50
c　$20.75

解答　c

$$\overline{X} = \frac{\sum_{i=1}^{n} X_i}{n}$$

$$= \frac{300}{1200}(\$24.00) + \frac{150}{1200}(\$16.00)$$

$$+ \frac{150}{1200}(\$22.00) + \frac{600}{1200}(\$20.00)$$

$$= \underline{\$20.75}$$

Q2 リスクフリー・レートが5％であるとする。標本リターンが13％、16％、17％、−1％、17％だとすればシャープ・レシオはいくらか。

 a 0.965
 b 0.470
 c 0.125

解答 a

シャープ・レシオの公式は、

$$\text{Sharpe Ratio} = \frac{\overline{R}_P - R_f}{\sigma_P}$$

（平均リターンの計算）

$$\overline{X} = \overline{R}_P = \frac{\sum_{i=1}^{5} X_i}{5} = \frac{13+16+17-1+17}{5} = 12.4\%$$

（標本分散の計算）

$$s_X^2 = \frac{\sum_{i=1}^{n}(X_i - \mu_X)^2}{n-1}$$

$$= \frac{(13-12.4)^2 + (16-12.4)^2 + (17-12.4)^2 + (-1-12.4)^2 + (17-12.4)^2}{5-1}$$

$$= \frac{0.36 + 12.96 + 21.16 + 179.56 + 21.16}{4} = \frac{235.20}{4} = 58.80$$

（標準偏差）

$$s_X = \sqrt{58.80} = 7.6681$$

（シャープ・レシオ）

$$\text{Sharpe Ratio} = \frac{\overline{R}_P - R_f}{s_P} = \frac{12.40 - 5}{7.6681} = \underline{0.9650}$$

X	$X - \overline{X}$	$(X - \overline{X})^2$
13	$13 - 12.40 = 0.60$	0.36
16	$16 - 12.40 = 3.60$	12.96

17	17−12.40＝4.60	21.16
−1	−1−12.40＝−13.40	179.56
17	17−12.40＝4.60	21.16
合計　62.00	0.00	235.20

$$\overline{X}=\frac{62.00}{5}=12.40,\ s_x=\sqrt{\frac{235.20}{4}}=7.6681$$

◆ 重要概念・重要公式まとめ ◆

- 算術平均

$$\mu_x=\frac{\sum_{i=1}^{N}X_i}{N} \quad \text{(population mean)}$$

$$\overline{X}=\frac{\sum_{i=1}^{n}X_i}{n} \quad \text{(sample mean)}$$

- 幾何平均（Geometric Mean）

$$G_x=(\prod_{i=1}^{N}X_i)^{1/N}=(X_1X_2\cdots X_N)^{1/N}$$

- 幾何平均利回り

$$r_G=\sqrt[n]{(1+r_1)(1+r_2)\cdots(1+r_n)}$$

- 加重平均（Weighted Mean）

$$X_W=\sum_{i=1}^{n}w_iX_i$$

- 調和平均（Harmonic Mean）

$$\overline{X}_H = \frac{n}{\sum_{i=1}^{n}\left(\frac{1}{X_i}\right)}$$

- メディアン（中央値、median）

  データを大きい順に並べた真ん中の値（$\frac{n+1}{2}$ 番目の値）のこと（$\frac{n+1}{2}$ が4.5ならば4番目と5番目の値の平均をとる）。

- モード（最頻値、mode）

  データのなかで最も頻度が高い値。

- 範囲（range）

  $\text{Range} = X_{max} - X_{min}$

- 平均絶対偏差（Mean Absolute Deviation）

  $$\text{MAD}_X = \frac{\sum_{i=1}^{N}|X_i - \mu_X|}{N}$$

- 分散（Variance）

  母集団分散（Population Variance）

  $$\sigma_X^2 = \frac{\sum_{i=1}^{N}(X_i - \mu_X)^2}{N}$$

  標本分散（Sample Variance）

  $$s_X^2 = \frac{\sum_{i=1}^{n}(X_i - \overline{X})^2}{n-1}$$

- 標準偏差（Standard Deviation）

  母集団標準偏差（Population Standard Deviation）

  $\sigma_X = \sqrt{\sigma_X^2}$

  標本標準偏差（Sample Standard Deviation）

  $s_X = \sqrt{s_X^2}$

- 変動係数（Coefficient of Variation）

  母集団変動係数 $\text{Coefficient of Variation(population)} = \frac{\sigma_X}{\mu_X}$

  標本変動係数 $\text{Coefficient of Variation(sample)} = \frac{s_X}{\overline{X}}$

- チェビシェフの不等式

  （標準偏差 ×k）の範囲に入るデータの比率 $\geq 1-\dfrac{1}{k^2}$, (for all k＞1)

- シャープ・レシオ

$$\text{Sharpe Ratio} = \dfrac{\overline{R}_P - R_f}{\sigma_P}$$

- 四分位点、パーセンタイル点ほか

$$y \text{ 番目の四分位点}：L_{\text{Quartile } y} = \dfrac{y}{4}(N+1)$$

$$y \text{ 番目の五分位点}：L_{\text{Quintile } y} = \dfrac{y}{5}(N+1)$$

$$y \text{ 番目の十分位点}：L_{\text{Decile } y} = \dfrac{y}{10}(N+1)$$

$$y \text{ 番目のパーセンタイル点}：L_{\text{Percentile } y} = \dfrac{y}{100}(N+1)$$

- 歪度

$$S_{K_{\text{Population}}} = \left(\dfrac{1}{N}\right)\left[\dfrac{\sum\limits_{i=1}^{N}(X_i-\mu_X)^3}{\sigma_X^3}\right]$$

$$S_{K_{\text{Sample}}} = \left[\dfrac{n}{(n-1)(n-2)}\right]\left[\dfrac{\sum\limits_{i=1}^{N}(X_i-\overline{X})^3}{s_X^3}\right]$$

- 尖度

$$K_{\text{Population}} = \left(\dfrac{1}{N}\right)\left[\dfrac{\sum\limits_{i=1}^{N}(X_i-\mu_X)^4}{\sigma_X^4}\right]$$

$$K_{\text{Sample}} = \left[\dfrac{n(n-1)}{(n-1)(n-2)(n-3)}\right]\left[\dfrac{\sum\limits_{i=1}^{N}(X_i-\overline{X})^4}{s_X^4}\right]$$

- 超過尖度

$$\text{Excess Kurtosis} = K - 3$$

第 4 講

確率と集合

この講のポイント

- 確率に関する用語の意味を理解する（試行、事象、根元事象、全事象、空事象、余事象＝補集合、和集合、積集合、ベン図、確率変数、確率分布、オッズ）
- 全確率の法則を理解する
- 確率の加法法則、確率の乗法法則とは何か
- 互いに独立な事象の同時確率が計算できるか

1 確率と集合に関する基本用語

確率、集合に関し頻出する基本用語は次のとおり。

確率（probability, P）
　不確実性を数的に測定する基準、不確実な出来事の発生する可能性に関する強さを表す数字。

確率変数（random variable）
　サイコロの目の値や地震の強さなどそれがとりうる値に対し確率が与えられている変数。ランダムながら確率的に動く量のこと。

試行（experiment）
　サイコロを振るような偶然性に委ねられた試みのこと。

事象(event)

偶然性に委ねられた試み(試行)によって生じる結果のこと。

(例) サイコロを振って3の目が出た場合、「サイコロを1回振るという試行によって『3の目が出る』という事象が生じた」という。

根元事象(elementary event)

事象のなかで最も基本的な結果。

(例) サイコロの場合「1の目が出る事象」から「6の目が出る事象」までの6通りの事象を根元事象という。

全事象

すべての根元事象をあわせてつくられた事象、Ω(オメガ)を使って表示される。すべての要素を含む集合は全体集合(universal set)という。標本空間(sample space)ともいう。

(例) サイコロの場合 $\Omega = \{1, 2, 3, 4, 5, 6\}$

空事象(空集合)

全事象と対照的に、絶対に生じないことを意味する事象。エレメントをもっていない集合は空事象、空集合(empty set)という。ϕ(ファイ)で示される。

部分集合(subset)

「集合Bのどのエレメントも、同時に集合Aのエレメントになっている」ならば、「集合Bは集合Aに含まれる」とか「集合Bは集合Aの部分集合である」という。$B \subseteq A$ と表記する。

余事象(補集合)(complement)

事象Aが生じないことをAの余事象(補集合)という。A^c あるいは $\overline{A}$ と表す(集合Aの補集合は A^c)。余事象の確率は、

$P(A^c) = 1 - P(A)$

和事象(和集合)(union, cup)

事象Aと事象Bに関して「少なくともどちらかが生じる事象」を和

事象という。A∪B と表す。

積事象（積集合）（intersection, cap）
  事象 A と事象 B の両方が同時に生じることを「A と B の積事象」と呼ぶ。A∩B と表す。

オッズ（Odds）
  事象 A が起こる確率と事象 A が起こらない確率との比率。

$$\text{Odds for event A} = \frac{P(A)}{1-P(A)}$$

  $0 \leq P(A) \leq 1$

事象どうしの関係を表す用語として重要なのは次の3つである。

① 相互排他的事象（mutually exclusive）

  2つの事象に対応する集合が、排反である（disjoint、積事象がない）とき、2つの事象は相互排他的であるという。2つの事象に重なりがないのだから相互排他的事象に関しては、積事象の確率はゼロである。

  $P(A \cap B) = 0$

② もれのない事象（collectively exhaustive）

  可能なすべての結果からなる集合のこと。たとえばコイン投げの場合、表（head）か裏（tail）しかなくそれ以外の事象はないので、表と裏が collectively exhaustive な事象ということになる。

  相互に排他的なすべての事象（mutually exclusive and collectively exhaustive events）の集合の確率合計は1となる。

③ 独立事象（independent）

  事象の発生が他の事象の発生に依存しないこと。コイン投げのように次の試行で表が出るか裏が出るかは、前の試行で表が出たか裏が出たかという結果に依存しない。このような場合、各試行は独立であるという。

2　確率に関する法則

確率とは事象が起こる起こりやすさの割合をいう。事象が起こる可能性がないとき、その確率はゼロである。空集合の確率はゼロである（$P(\phi)=0$）。他方、起こることが確実な事象は、確率が1である。

いかなる事象Eに関してもその確率は0と1の間に存在する。

$$0 \leq P(E) \leq 1$$

全事象（全標本空間）の確率は1に等しい。
　$P(\Omega)=1$

言い換えると、重複なくもれのない（mutually exclusive and collectively exhaustive）事象の確率合計は1となる（全確率の法則）。

$$\sum_{i=1}^{n} P(E_i) = 1$$

3　ベン図（Venn Diagram）

異なった集合の関係を示す概念図をベン図（Venn diagram）と呼ぶ。事象Aと事象Bが発生する例を示せば図表4-1のとおり。

ベン図からわかるとおり、事象Aと事象Bの和集合の確率は次のとおり。

和集合の規則、確率の加法法則（the general addition rule）
$$P(A \cup B) = P(A) + P(B) - P(A \cap B)$$

相互排反的な事象A、Bの場合、ベン図は図表4-2のようになり、その積集合は存在しないため、$P(A \cap B)=0$となる。その結果、相互排反的な事象の和集合では次の式のようになる。

図表4－1　ベン図

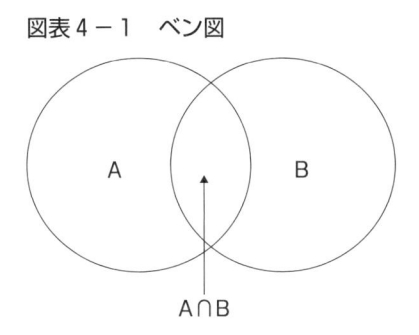

A∩B

図表4－2　相互排反的事象のベン図

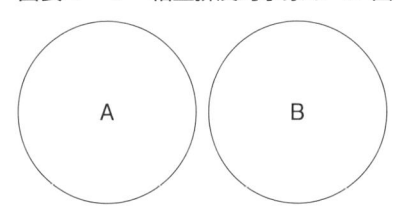

相互排反的な事象の和集合
$$P(A \cup B) = P(A) + P(B)$$

排反な場合を含めて一般的には、次の式が当てはまる。

$$P(A \cup B) \leq P(A) + P(B)$$

---

① 条件付確率（Conditional probability）

事象 B の発生を前提とした事象 A の条件付確率 $P(A|B)$ は $P(B) \neq 0$ とすれば、

$$P(A|B) = \frac{P(A \cap B)}{P(B)}$$

図表4－3　ベン図（条件付確率）

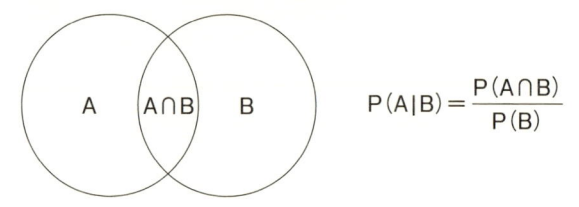

$$P(A|B) = \frac{P(A \cap B)}{P(B)}$$

ここで、P(A|B)の縦線は「Bを前提として（Bを条件として）」の意味である。図表4－3ベン図をみればわかるように、「事象Bの発生を前提とした事象Aの条件付確率」は、事象Aと事象Bの積集合の確率（分子）を事象Bの確率（分母）で除したものである。

条件付確率式は、変形すれば次のようにも表せる。

$P(A \cap B) = P(A)P(B|A)$

$P(A \cap B) = P(B)P(A|B)$

例題　不況になる確率が30％であるとする。不況時に長期債のイールドが低下する確率が70％であるとすれば、不況かつ長期債のイールドが低下する確率はいくらか。

解答

P(不況)＝30％

P(長期債のイールド低下｜不況)＝70％

P(不況∩長期債のイールド低下)

　＝P(不況)×P(長期債のイールド低下｜不況)

　＝30％×70％＝<u>21％</u>

② 確率の乗法公式

条件のつかない確率P(B)と条件付確率P(B|A)は一般には異なる

が、たまたま、同じになることがある。

　　$P(B) = P(B|A)$

このような場合に、「事象Aと事象Bは独立している」といわれる。独立であるとは、「事象Aが生じた」という事実が、事象Bが生じる確率にまったく影響を与えていないことを意味している。

これを先ほどの条件付確率の式に代入すると、次式となる。

[事象AとBが独立の場合]

　確率の乗法公式（Joint probability of independent events）
　　$P(A \cap B) = P(A)P(B)$

2つに事象が独立しているならば、積事象の確率はそれぞれの確率の積になっていることを表している。これを確率の乗法公式（Joint probability of independent events）と呼ぶ。

例題　夫が死亡する確率が1.0%で、妻が死亡する確率が0.9%であるとする。夫婦が同時に死亡する確率はいくらか。ここではそれぞれの事象は互いに独立であると考える。

解答

夫が死亡する確率$P(H)$と妻が死亡する確率$P(W)$が独立であれば、同時に死亡する確率$P(H \cup W)$は、

　　$P(H \cup W) = P(H)P(W) = 0.01 \times 0.009 = 0.00009$ or $\underline{0.009\%}$

◆ 重要概念・重要公式まとめ ◆

- いかなる事象Eに関してもその確率は0と1の間に存在する

- $0 \leq P(E) \leq 1$
- 全事象（全標本空間）の確率は1に等しい。$P(\Omega)=1$
  $$\sum_{i=1}^{n} P(E_i) = 1$$
- 確率の加法法則（the general addition rule）
  $$P(A \cup B) = P(A) + P(B) - P(A \cap B)$$
  $$P(A \cup B) \leq P(A) + P(B)$$
- 相互排反的な事象の和集合
  $$P(A \cup B) = P(A) + P(B)$$
- 条件付確率（Conditional probability）
  $$P(A|B) = \frac{P(A \cap B)}{P(B)}$$
- 確率の乗法公式（Joint probability of independent events）
  $$P(A \cap B) = P(A)P(B)$$
  ［事象Aと事象Bが独立の場合］

第 5 講

条件付確率とベイズの定理

この講のポイント

- イベント・ダイアグラムを用いて確率計算ができるか
- シナリオ分析に基づいてリターンの期待値、分散が計算できるか
- ベイズの定理とは何か、条件付確率とは何か

1 イベント・ダイアグラム

複数の条件で場合分けされる場合の確率はイベント・ダイアグラムを書いて求めることができる。次の例題に従って説明する。

> **例題** A社の来期の売上高が増収となる確率が80％、減収となる確率が20％であるとする（増収と減収は排他的、またここでは増収・減収以外はなく80％＋20％＝100％と来期の売上高に関するすべての事象がこの2つで尽きている）。もし増収ならば80％の確率で1株当り利益は＄3となり、20％の確率で＄2となる。また、減収ならば30％の確率で1株当り利益は＄2となり、70％の確率で＄1になるとする。1株当り利益が＄3、＄2、＄1となる確率（絶対的確率）を示せ。

解答

```
                    $3 | 増収
                                     → P($3 & 増収)=(0.80)(0.80)=0.64
          増収      P($3 | 増収)=0.80
         ─────
         P(増収)=80%
                    $2 | 増収
                                     → P($2 & 増収)=(0.80)(0.20)=0.16
                    P($2 | 増収)=0.20


                    $2 | 減収
                                     → P($2 & 減収)=(0.20)(0.30)=0.06
          減収      P($2 | 減収)=0.30
         ─────
         P(減収)=20%
                    $1 | 減収
                                     → P($1 & 減収)=(0.20)(0.70)=0.14
                    P($1 | 減収)=0.70
```

本例のイベント・ダイアグラムは上図のとおり。

これから各ケースの確率を示せば、

Outcome	Probability
増収　かつ　$3/株	64%
増収　かつ　$2/株	16
減収　かつ　$2/株	6
減収　かつ　$1/株	<u>14</u>
	<u>100%</u>

さらに1株当り利益が$2になるのは、

$\quad$ P($2.00)＝P(増収 & $2.00)＋P(減収 & $2.00)＝16%＋6%＝22%

よって、1株当りの利益で場合分けすれば、

Earnings/Share	Probability
$3.00	64%

2.00	22
1.00	<u>14</u>
	<u>100%</u>

2 シナリオ分析

シナリオ分析に入る前に、収益率の期待値、分散、標準偏差について公式を確認しておく。

(期待値)
$$E(X) = \sum_{i=1}^{n} X_i P(X_i)$$

(分散)
$$\sigma_x^2 = \sum_{i=1}^{n} [X_i - E(X)]^2 P(X_i)$$

(標準偏差)
$$\sigma_x = \sqrt{\sigma_x^2}$$

例題 収益率に関して下記のような4つのシナリオに基づく確率の見通しをもっている。各シナリオは相互排他的で exhaustive なものである。

期待収益率、分散、標準偏差を計算せよ。

Possible Return (Xi)	Probability of Return P(Xi)
−10%	0.20
0	0.30
10	0.40
20	0.10

解答

（期待値）

$$E(X) = \sum_{i=1}^{n} X_i P(X_i) = -10(0.20) + 0(0.30) + 10(0.40) + 20(0.10) = \underline{4\%}$$

（分散）

各シナリオごとの偏差 $X_i - E(X)$ を平方したうえで確率を乗ずる（下表参照）。

X_i	$P(X_i)$	$X_i - E(X)$	$[X_i - E(X)]^2 P(X_i)$
-10%	0.20	$-10 - 4 = -14\%$	$[-14]^2 (0.2) = 39.2$
0	0.30	$-0 - 4 = -4$	$[-4]^2 (0.3) = 4.8$
10	0.40	$10 - 4 = 6$	$[6]^2 (0.4) = 14.4$
20	0.10	$20 - 4 = 16$	$[16]^2 (0.1) = 25.6$
	$\underline{1.00}$		$\underline{84.0}$

$$\sigma_x^2 = \sum_{i=1}^{n} [X_i - E(X)]^2 P(X_i) = \underline{84.0}$$

（標準偏差）

$$\sigma_x = \sqrt{\sigma_x^2} = \sqrt{84.0} = \underline{9.17\%}$$

3　ベイズの定理（Bay's Theorem）

先ほどの例に従って1株当りの利益が$2であることが観測された場合に、増収となっている確率はいくらか、を計算してみる。

$2となる確率：$P(\$2.00) = P(増収 \& \$2) + P(減収 \& \$2)$
$$= 16\% + 6\% = 22\%$$

増収かつ$2となる確率：$P(増収 \& \$2) = 16\%$

よって、$2を前提に増収かつ$2となる確率は、

$$P(増収 | \$2.00) = \frac{P(増収 \& \$2.00)}{P(\$2.00)}$$
$$= \frac{P(増収 \& \$2.00)}{P(増収 \& \$2.00) + P(減収 \& \$2.00)}$$

$$= \frac{16\%}{22\%} = 72.73\%$$

本例を用い一般化してみる。

条件付確率の公式により、事象 B［1株当り利益＄2.00］が起こったことが既知であるという条件のもとで、事象 A［増収］が起こる確率は、

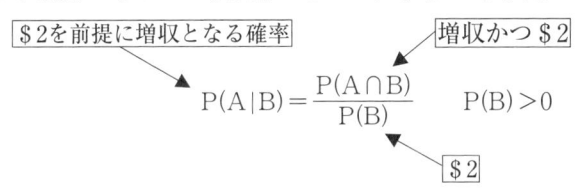

＄2を前提に増収となる確率　　増収かつ＄2

$$P(A|B) = \frac{P(A \cap B)}{P(B)} \qquad P(B) > 0$$

＄2

ここで分母の確率 P(B)［1株当り利益が＄2.00になる確率］は「事象 A の条件下で事象 B が起こる場合［増収を前提に＄2.00］」と「事象 A が起こらない条件下（補事象 A^c の条件下）で事象 B が起こる場合［減収を前提に＄2.00］」の合計であるから、

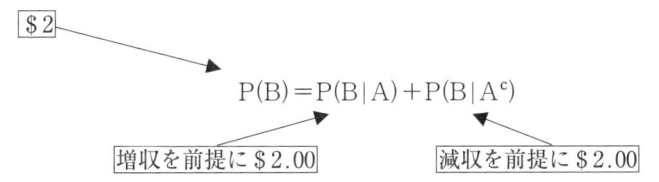

＄2

$$P(B) = P(B|A) + P(B|A^c)$$

増収を前提に＄2.00　　減収を前提に＄2.00

また、分子 P(A∩B) は「A かつ B の確率［増収かつ＄2.00］」であるから「A の確率［増収］」×「A［増収］が発生した条件下で B［＄2.00］が発生する確率」により求めることができる。すなわち、

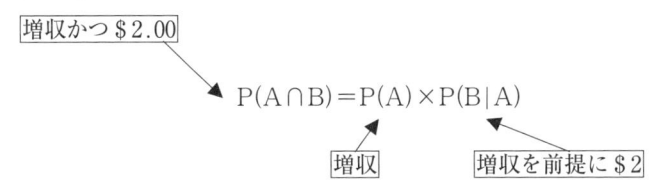

増収かつ＄2.00

$$P(A \cap B) = P(A) \times P(B|A)$$

増収　　増収を前提に＄2

これらを上の式に代入すると、ベイズの公式あるいはベイズの定理（Bay's Theorem）と呼ばれる公式が導出される。

ベイズの定理（Bay's Theorem）

第5講　条件付確率とベイズの定理　69

$$P(A|B) = \frac{P(A \cap B)}{P(B)} = \frac{P(A) \times P(B|A)}{P(B|A) + P(B|A^c)}$$

$$= \frac{P(B|A)}{P(B|A) + P(B|A^c)} \times P(A)$$

事前確率 $P(A)$ が判明しており、事後的に事象 B 全体のうち事象 B と事象 A の積事象の頻度（尤度）である $\frac{P(B|A)}{P(B|A) + P(B|A^c)}$ が観測されれば、事後確率 $P(A|B)$ を求めることができる。本事例に即していえば、事後的に1株当り利益＄2.00になった場合(B)のうち増収(A)かつ＄2(B)となった頻度が $\frac{P(B|A)}{P(B|A) + P(B|A^c)} = \frac{16\%}{22\%} = 72.73\%$ と観測されれば、増収になる事前確率80％と組み合わせて、1株当り利益が＄2であること(B)を前提として増収(A)になる「条件付確率 $P(A|B)$」が72.73％×80％＝58.18％と計算できる。

ベイズの定理のよいところは、事前確率（主観的な確率）で増収確率を8割とあいまいな見積りを行っていたとしても、1株当りの利益が＄2であることが判明した後では、増収となる確率は58.18％とより精度の増した事後確率が得られる点にある（実績に基づく尤度による修正がなされている）。実績を利用して情報が与えられたときの事後確率を改善できる点にベイズの定理のメリットがある。

● 演 習

Q1 ［イベント・ダイアグラム］ リサーチャーが石油化学会社の株価を推定しようとしている。将来の景気が重要な要素となると考え、景気に関して確率を推定した。60％の確率で景気はよくなり、40％の確率で悪くなるとみている。もし景気がよくなるのであれば65％の確率で株価は＄150になり、

35％の確率で＄80になるであろう。他方、もし景気が悪いとすれば、60％の確率で株価は＄80になり40％の確率で＄50になるであろう。株価は何ドルになる確率がいちばん高いだろうか。

　　a　　＄150
　　b　　＄80
　　c　　＄50

解答　b

イベント・ダイアグラムは下記のとおり。

```
                    ＄150｜景気よい
                    ────────────── → P(＄150&景気よい)=(0.60)(0.65)=0.39
        景気よい    P(＄150｜景気よい)=0.65
        ──────
    P(景気よい)=60％
                    ＄80｜景気よい
                    ────────────── → P(＄80&景気よい)=(0.60)(0.35)=0.21
                    P(＄80｜景気よい)=0.35

                    ＄80｜景気悪い
                    ────────────── → P(＄80&景気悪い)=(0.40)(0.60)=0.24
        景気悪い    P(＄80｜景気悪い)=0.60
        ──────
    P(景気悪い)=40％
                    ＄50｜景気悪い
                    ────────────── → P(＄50&景気悪い)=(0.40)(0.40)=0.16
                    P(＄50｜景気悪い)=0.40
```

よって、上記シナリオに基づけば株価確率は、

　　＄150　　　　39％
　　＄ 80　　　　45％（＝21％＋24％）
　　＄ 50　　　　<u>16％</u>
　　　　　　　　100％

となり、最もありそうなケースは<u>＄80</u>ということになる。

Q2 ［シナリオによる株価推定］ 過去のデータに基づき将来の株価の確率を考えた（確率は表のとおり）。期待される株価はいくらか。

Probability	Price
0.10	$36
0.10	$32
0.35	$30
0.30	$28
0.15	$24

a　$28.00
b　$29.00
c　$29.30

解答　c

シナリオごとの確率がわかっている場合、期待される株価 $E(X)$ は、

$$E(X) = \sum_{i=1}^{N} P(X_i) \cdot X_i = \underline{\$29.30}$$

Probability $P(X_i)$	Price X_i	$P(X_i) \times X_i$
0.10	$36	$3.60
0.10	$32	3.20
0.35	$30	10.50
0.30	$28	8.40
0.15	$24	3.60
		$\underline{\$29.30}$

Q3 ［シナリオによる分散］ 近年の信用危機で投資ポートフォリオ内の社債が悪影響を受けた。表は格付ダウンがあった社債の割合である。ダウング

レード幅分布の分散はいくらか。

格付の下げ幅	0	1	2	3
パーセント	30	40	20	10

a 1.10
b 0.89
c 0.53

解答　b

分散は $\sigma^2 = \sum_{i=1}^{n}[X_i - E(X)]^2 P(X_i)$ で求められる。

ダウングレード幅の平均は $E(X) = \sum_{i=1}^{n} X_i P(X_i) = 1.1$ であるから、下表を使って分散は0.890。

X_i	$P(X_i)$	$X_i P(X_i)$	$[X_i - E(X)]^2 P(X_i)$
0	0.3	0.0	$[0-1.1]^2(0.3) = 0.360$
1	0.4	0.4	$[1-1.1]^2(0.4) = 0.004$
2	0.2	0.4	$[2-1.1]^2(0.2) = 0.162$
3	0.1	0.3	$[3-1.1]^2(0.1) = 0.361$
		1.1	0.890

◆ 重要概念・重要公式まとめ ◆

- ベイズの定理（Bay's Theorem）

$$P(A|B) = \frac{P(A \cap B)}{P(B)} = \frac{P(B|A)}{P(B|A) + P(B|A^c)} \times P(A)$$

Bが判明した後のAの事後確率＝尤度×Aの事前確率

第5講　条件付確率とベイズの定理

第 6 講

共分散と相関係数

この講のポイント

- 回帰分析における説明変数と被説明変数とは何か
- 散布図とは何か
- 共分散、相関係数が計算できるか
- ポートフォリオの期待値と分散が計算できるか
- 相関係数の検定ができるか
- 相関分析の限界は何か

1 説明変数と被説明変数

2つの変数 X、Y のデータがあるとする。Y が X で定量的に説明されるとき Y を従属変数 (dependent variable)、被説明変数 (explained variable)、と呼び、説明する側の X を独立変数 (independent variable)、説明変数 (explainable variable) と呼ぶ。回帰分析 (regression analysis、後述) とは X、Y 2変数のデータがあるときに回帰方程式 (regression equation) という説明関係式を求める分析方法のことをいう。

回帰方程式
$Y_i = b_0 + b_1 X_i + \varepsilon_i$

> Y_i ：被説明変数
> X_i ：説明変数
> b_0, b_1：回帰係数（切片と傾き）
> ε_i ：誤差項

　回帰分析は Y を X で説明しようとするものであるが、単に Y と X の間に関係があるかどうかを調べるものを相関分析（correlation analysis）と呼んでいる。可能性としては線形一次関数、対数線形、二次関数等の関係が考えられるが相関分析、回帰分析においては一次の線形関係のみが想定されている。回帰分析を行いサンプルデータに適合する回帰式の回帰係数（パラメータ）b_0、b_1 を求めることで予測が可能になる。

2　散布図と相関係数

　株式 A の収益率と S&P500 の収益率に図表 6 − 1 のような関係があるとする。

　この収益率を横軸 S&P 収益率、縦軸 A 株式収益率としてプロットしてみると図表 6 − 2 のようなグラフとなる。これを散布図（scatter plot）と呼ぶ。

　本件では、散布図を目視することにより S&P500 収益率と A 株式収益率の間におおむね線形（linear）関係があることがわかる。

図表 6 − 1　相関あるデータの例

年	A 株式収益率	S&P500収益率
1	20%	10%
2	−30	−20
3	30	20
4	10	0
5	−10	−20

図表 6 − 2　散布図

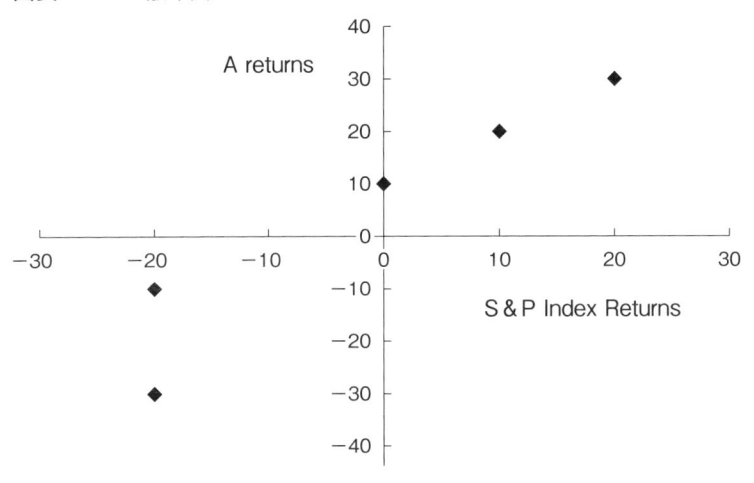

3　相関係数と共分散

(1) 相関係数

2 変数の間に完全に正の線形関係があるとき、相関係数（correlation coefficient）が 1 であるという（図表 6 − 3）。

2 変数の間にまったく線形関係がない場合、相関係数が 0 であるという

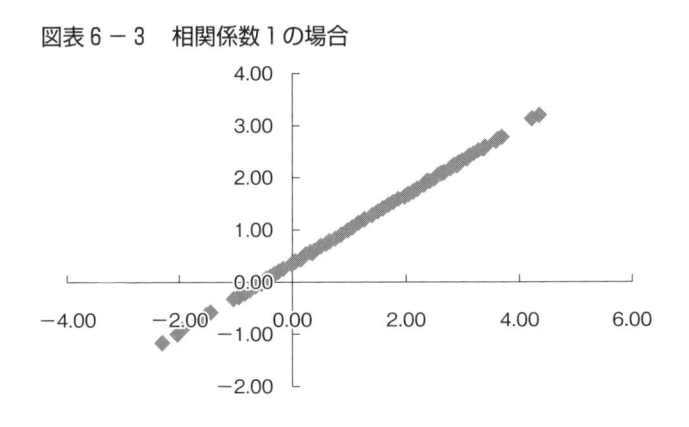

図表 6 − 3　相関係数 1 の場合

（図表6－4）。

　2変数の間に負の線形関係があるとき、相関係数が－1であるという（図表6－5）。

　相関係数は必ず－1と＋1の間の値をとる。

　相関係数は2つの変数の共分散（covariance）から計算される。共分散をX、Y各々の標準偏差で割って標準化したものが相関係数である。

図表6－4　相関係数0の場合

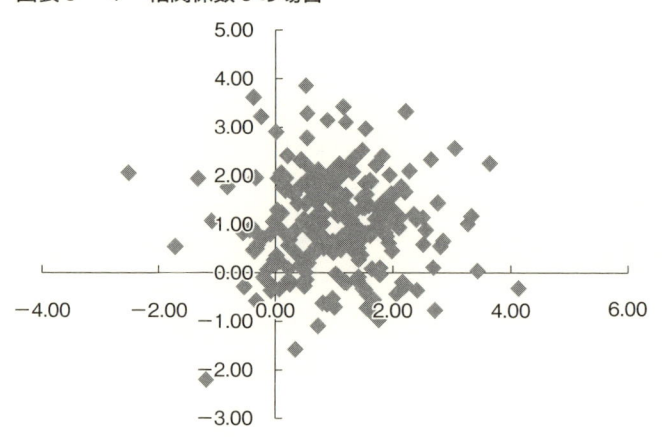

図表6－5　相関係数－1の場合

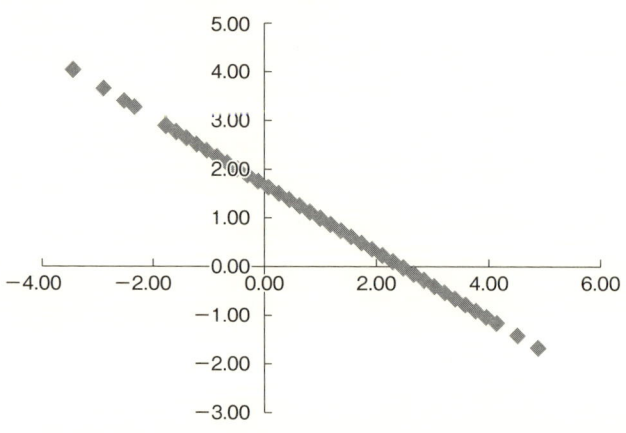

相関係数

$$r_{YX} = \frac{COV_{YX}}{S_Y S_X}$$

$-1 \leq r_{YX} \leq 1$

(2) 共分散（Covariance）

母分散、標本の分散が次の公式で求められることはすでに学んだ。

$$\sigma_X^2 = \frac{\sum_{i=1}^{n}(X_i - \overline{X})^2}{N}$$

$$S_X^2 = \frac{\sum_{i=1}^{n}(X_i - \overline{X})^2}{n-1}$$

共分散は次の公式による。

母集団の共分散
$$\sigma_{YX} = \frac{\sum_{i=1}^{n}(Y_i - \overline{Y})(X_i - \overline{X})}{N}$$

標本の共分散
$$COV_{YX} = \frac{\sum_{i=1}^{n}(Y_i - \overline{Y})(X_i - \overline{X})}{n-1}$$

共分散の意味を考えてみる。

$\overline{Y}$と$\overline{X}$はデータの期待値（平均値）であるから、$(Y_i - \overline{Y})$と$(X_i - \overline{X})$はそれぞれ平均値からの偏差を表す。すなわち$(Y_i - \overline{Y})$、$(X_i - \overline{X})$の値を計算することは元のデータを$(\overline{X}, \overline{Y})$を原点とする新しいX軸、Y軸へと散布図を移動させることを意味する。

移動後のデータが第1象限、第3象限に集中していれば偏差の積和は正となり、第2象限、第4象限に集中していれば偏差の積和は負となる。すなわ

図表6-6 各象限における $(Y_i - \bar{Y})(X_i - \bar{X})$ の符号

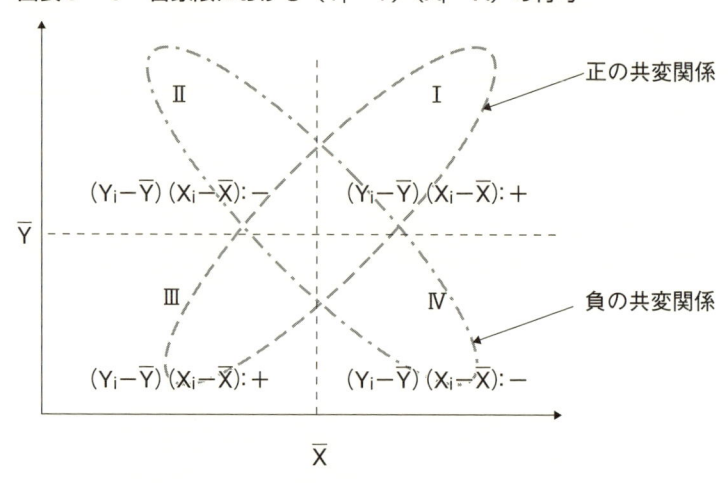

```
         Ⅱ           │           Ⅰ         ← 正の共変関係
                     │
  $(Y_i-\bar{Y})(X_i-\bar{X}):-$   │   $(Y_i-\bar{Y})(X_i-\bar{X}):+$
$\bar{Y}$ ─────────────┼─────────────
                     │
         Ⅲ           │           Ⅳ         ← 負の共変関係
                     │
  $(Y_i-\bar{Y})(X_i-\bar{X}):+$   │   $(Y_i-\bar{Y})(X_i-\bar{X}):-$
                   $\bar{X}$
```

ち、積和の符号が共変関係の方向(正ならば右上り)を表していることになる(図表6-6)。

例題 X、Yの株価がそれぞれ次のような値をとったとする。この各3つの値が母集団だとしてX、Yの共分散を求めよ。

X	Y
42	12
−24	18
30	24

解答

(平均値) まず、X、Yそれぞれの平均値を求める。

$$\bar{X} = \frac{42 - 24 + 30}{3} = 16$$

$$\overline{Y} = \frac{12+18+24}{3} = 18$$

(偏差) Xの各値から平均を差し引いて偏差を計算する（次表左から3列目）。Yについても偏差を計算する（4列目）。

(共分散) X、Yそれぞれの偏差どうしの積を求め（5列目）、積和をセット数N（ここでは3）で割る。

$$\mathrm{Cov}_{XY} = \sigma_{XY} = \frac{\sum_{i=1}^{N}(X_i-\overline{X})(Y_i-\overline{Y})}{N} = \frac{-72}{3} = \underline{-24}$$

この計算過程を表にすれば以下のとおり。

X_i	Y_i	$X_i - \overline{X}$	$Y_i - \overline{Y}$	$(X_i-\overline{X})(Y_i-\overline{Y})$
42	12	42−16=26	12−18=−6	26×(−6)=−156
−24	18	−24−16=−40	18−18=0	(−40)×0=0
30	24	30−16=14	24−18=6	14×6=84
$\overline{X}=16$	$\overline{Y}=18$			−72/3=−24

例題 ［同時確率と共分散］ X、Yの株価の同時確率が次の表のようであるとする。この場合のX、Yの共分散はいくらか。この3ケースが母集団であるとして計算せよ。

【同時確率表】

	$X_1=5$	$X_2=6$	$X_3=10$
$Y_1=15$	0.3	0	0
$Y_2=21$	0	0.5	0
$Y_3=12.5$	0	0	0.2

[解答]

まずX、Y各々の期待値を計算する。

$$\overline{X}=\sum_{i=1}^{N}X_iP_i(X_i)=(5)(0.3)+(6)(0.5)+(10)(0.2)=6.5$$

$$\overline{Y}=\sum_{i=1}^{N}Y_iP_i(Y_i)=(15)(0.3)+(21)(0.5)+(12.5)(0.2)=17.5$$

次に下の表から（偏差の積和×確率）を計算する。

$X_i-\overline{X}$	$Y_i-\overline{Y}$	$(X_i-\overline{X})\times(Y_i-\overline{Y})$	$P(XY)$	$P(XY)$ $\times(X_i-\overline{X})\times(Y_i-\overline{Y})$
$5-6.5=-1.5$	$15-17.5=-2.5$	$(-1.5)(-2.5)=3.75$	0.3	$0.3(3.75)=1.125$
$6-6.5=-0.5$	$21-17.5=3.5$	$(-0.5)(3.5)=-1.75$	0.5	$0.5(-1.75)=-0.8750$
$10-6.5=3.5$	$12.5-17.5=-5$	$(3.5)(-5)=-17.5$	0.2	$0.2(-17.5)=\underline{-3.5}$
				-3.25

$$\text{Cov}_{XY}=\sigma_{XY}=\sum_{i=1}^{N}P(XY)(X_i-\overline{X})(Y_i-\overline{Y})=\underline{-3.25}$$

(注) 共分散計算の別解

$$\sum_{i=1}^{N}P(XY)(X_i-\overline{X})(Y_i-\overline{Y})=[\sum_{i=1}^{N}P(XY)X_iY_i]-\overline{X}\cdot\overline{Y}$$

であることから、まず $P(XY)X_iY_i$ 部分だけを計算してその和を求める。

Xi	Yi	P(XY)	$P(XY)X_iY_i$
5	15	0.3	$0.3\times5\times15=22.5$
6	21	0.5	$0.5\times6\times21=63.0$
10	12.5	0.2	$0.2\times10\times12.5=25.0$
			110.5

そのうえで $\overline{X}\cdot\overline{Y}$ を差し引いて、

$$\sum_{i=1}^{N}P(XY)X_iY_i-\overline{X}\cdot\overline{Y}=110.5-(6.5\times17.5)=\underline{-3.25}$$

シナリオ数が多くなればこちらのほうが計算が楽になる。

4　ポートフォリオの期待値と分散

　ポートフォリオの期待収益はポートフォリオを構成する証券の期待収益の

加重平均である。

> ポートフォリオの期待収益
> $E(R_p) = w_1 E(R_1) + w_2 E(R_2) + \cdots + w_n E(R_n)$

2つの証券からなるポートフォリオの分散は次の式による。それぞれ第3項に共分散、相関係数が現れる。相関係数が1以下であるために2つの資産を組み合わせた場合にその分散（リスク）が2つの資産のリスクの加重平均より小さくなるのである。

> ポートフォリオの分散
> $\sigma_p^2 = w_1^2 \sigma_1^2 + w_2^2 \sigma_2^2 + 2w_1 w_2 \text{Cov}_{1,2} = w_1^2 \sigma_1^2 + w_2^2 \sigma_2^2 + 2w_1 w_2 r_{1,2} \sigma_1 \sigma_2$

5　相関係数の検定

相関係数の仮説検定（後述）は次のようにして行う。

① 仮説設定は、

　　$H_0 : r_{YX} = 0$

　　$H_a : r_{YX} \neq 0$

② 相関係数がゼロであるという帰無仮説を立て、t検定を行う。
　相関係数のt検定量は次の式による。

$$t_{cal} = \frac{r_{YX}\sqrt{n-2}}{\sqrt{1-r_{YX}^2}}$$

③ ここで自由度は、

　　degree of freedom $= n - 2$

④ 棄却の臨界値は両側検定であるから、

　　$t_{critical} = t_{\alpha/2,\ n-2}$

⑤ もし $|t_{cal}| \leq t_{critical}$ であれば帰無仮説は棄却されず（相関係数はゼロ

でないとは言い切れない)、$|t_{calc}| > t_{critical}$ であれば帰無仮説は棄却される（相関係数はゼロではない)。

かりに A 株式の収益率と S&P500の収益率データの相関係数が0.9517でデータ数が5（5年間の収益率）の場合、信頼区間95％の両側検定を行うとすれば、t 検定量は、

$$t_{cal} = \frac{r_{YX}\sqrt{n-2}}{\sqrt{1-r_{YX}^2}} = \frac{0.9517\sqrt{5-2}}{\sqrt{1-(0.9517)^2}} = 5.2698$$

t 検定臨界値は、

$$t_{critical} = t_{\alpha/2, n-2} = t_{0.025, 3} = 3.182$$

となり、t 検定量が臨界値を超えるので帰無仮説は棄却され、相関係数はゼロではないことになる。すなわち、A 株式の収益率は S&P500の収益率と有意に（線形）相関関係があることとなる。

6 相関係数の限界

相関係数には次のような限界がある。

① 相関係数は2つの変数の間に線形関係があることを前提としている。

非線形な関係がある場合には相関係数は低い値となってしまう。

② 外れ値 (outlier) がある場合、相関係数は大きく影響されてしまう。

たとえば、もともと Y、X 各々100個のデータの相関関係が1であったとして、そこに3個の外れ値が図表6-7のように加わると相関係数は0.63（例）まで低下してしまう。よって、相関係数を計算する場合、外れ値を含めるか含めないかの検討は重要である。

③ データによっては、見せかけの相関関係 (spurious correlation) が現れることがありうる。data-mining/data snooping によりたまたま相関関係があると計算されたとしても、相関係数が大きいことは因果

図表6－7　外れ値がある場合

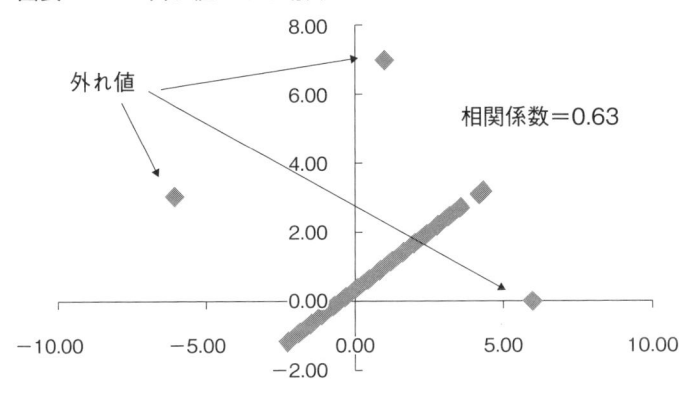

[グラフ：外れ値を示す散布図、相関係数＝0.63]

関係を示すものではなく、理論的背景のない相関関係は疑いをもって検討する必要がある（data-mining/data snooping は本来大量なデータを解析して通常の扱いからは想像が及ばない知識、関係を発見するという肯定的な意味を有するが、CFA® 試験では「論理的な関係が見出されないのに相関関係や回帰関係があるようにみえる」という否定的なニュアンスで用いられている）。

● 演 習

Q1 ジョンは2つの資産からなるポートフォリオの収益分析を行っている。期待収益に関する資料は表に示したとおりである。2つの資産の期待収益の相関係数とポートフォリオの標準偏差に近い組合せはどれか。

Asset	E(r)	Market Value	Cost Basis
A	15%	$1,500,000	$800,000
B	20%	$500,000	$800,000

Covariance Matrix

Asset	A	B
A	144	100
B	100	225

  <u>Correlation</u> <u>Standard Deviation</u>
a 0.56   11.51
b 0.56   132.56
c 0.80   11.92

解答　a

相関係数は共分散と各々の標準偏差から

$$r_{XY}=\frac{\text{Cov}_{A,B}}{\sigma_A\sigma_B}=\frac{100}{\sqrt{144}\sqrt{225}}=\frac{100}{(12)(15)}=\underline{0.56}$$

資産Aの分散が144、時価ウェイトが、

 $\$1,500,000/(\$1,500,000+\$500,000)=0.75$

資産Bの分散が100、時価ウェイトが、

 $\$500,000/(\$1,500,000+\$500,000)=0.25$

共分散が100であるから、2つの資産からなるポートフォリオの分散は、

$$\begin{aligned}\sigma_P^2&=w_A^2\sigma_A^2+w_B^2\sigma_B^2+2w_Aw_B\text{Cov}_{A,B}\\&=(0.75)^2(144)+(0.25)^2(225)+2(0.75)(0.25)(100)\\&=132.56\end{aligned}$$

標準偏差は分散の平方根だから、

$$\sigma_P=\sqrt{\sigma_P^2}=\sqrt{132.56}=\underline{11.51}$$

◆ 重要概念・重要公式まとめ ◆

- 独立変数（説明変数）と従属変数（被説明変数）

  Y が X で定量的に説明されるとき Y を従属変数（dependent variable）と呼び、X を独立変数（independent variable）、と呼ぶ。

  $Y_i = b_0 + b_1 X_i + \varepsilon_i$

  Y_i　：被説明変数

  X_i　：説明変数

  b_0, b_1：回帰係数（切片と傾き）

  ε_i　：誤差項

- 相関係数

  $$r_{XY} = \frac{COV_{YX}}{S_Y S_X}$$

  $-1 \leq r_{XY} \leq 1$

- 分散、共分散

	母集団（N）	標本（n）
分散	$\sigma_X^2 = \dfrac{\sum_{i=1}^{N}(X_i - \mu_X)^2}{N}$	$s_X^2 = \dfrac{\sum_{i=1}^{N}(X_i - \overline{X})^2}{n-1}$
共分散	$\sigma_{YX} = \dfrac{\sum_{i=1}^{N}(Y_i - \overline{Y})(X_i - \overline{X})}{N}$	$COV_{YX} = \dfrac{\sum_{i=1}^{n}(Y_i - \overline{Y})(X_i - \overline{X})}{n-1}$

- ポートフォリオの期待収益

  $E(R_p) = w_1 E(R_1) + w_2 E(R_2) + \cdots + w_n E(R_n)$

- 2 証券の場合のポートフォリオの分散

  $\sigma_p^2 = w_1^2 \sigma_1^2 + w_2^2 \sigma_2^2 + 2 w_1 w_2 Cov_{1,2}$

  　　$= w_1^2 \sigma_1^2 + w_2^2 \sigma_2^2 + 2 w_1 w_2 r_{1,2} \sigma_1 \sigma_2$

- 相関係数の t 検定

$$t_{cal} = \frac{r_{YX}\sqrt{n-2}}{\sqrt{1-r_{YX}^2}}$$

degree of freedom＝n－2

$t_{critical} = t_{\alpha/2,\, n-2}$

相関係数がゼロ $H_0: r_{YX}=0$ という帰無仮説、$H_a: r_{YX}\neq 0$ という対立仮説のもとで、$|t_{calc}| > t_{critical}$ であれば帰無仮説は棄却される（相関係数はゼロではない）。

- 相関係数の限界
  - 相関係数は２つの変数間の線形関係を前提としている。
  - 外れ値（outlier）の影響大。
  - 見せかけの相関関係（spurious correlation）に注意。
    ・相関係数は因果関係を示さない。
    ・理論的背景のない相関関係は疑いをもって検討せよ。

第 7 講

順列・組合せ

> **この講のポイント**
> - 階乗、順列、組合せの概念を理解し応用問題において計算ができるか

1 階乗（Factorial）

5個のアカウントを5人のポートフォリオマネジャーに割り当てるやり方には何通りあるかを考える。

最初のアカウントは5人に割り当てることが可能である。そのうえで2つ目のアカウントは残る4人に、……と考えて、$5×4×3×2×1=120$通り。こういう計算を表示するためにn!（n factorial、nの階乗）という表示法が用いられる。

$$n! = n(n-1)(n-2)(n-3)\cdots1$$

例題 棚に6冊の本を並べる。並べ方は何種類あるか。

> [解答]

6の階乗であるから、6!＝720通り。

2　順列（Permutation）

リプレースなしにn枚のカードからr枚を取り出す試行を想定する。1枚目のカードとなりうるのはn種類、そのうえで2枚目のカードはn－1種類、3枚目のカードはn－2種類、r枚目のカードはn－(r－1)種類、よってn枚からr枚を選び出すやり方の種類は、

$$_nP_r = n(n-1)(n-2)\cdots(n-r+1)$$

これに $\frac{(n-r)!}{(n-r)!} = 1$ を乗じても同じだから、

$$_nP_r = n(n-1)(n-2)\cdots(n-r+1) \times \frac{(n-r)!}{(n-r)!} = \frac{n!}{(n-r)!}$$

リプレースなしにn枚のカードからr枚を取り出す順列

$$_nP_r = \frac{n!}{(n-r)!}$$

> [例題]　クラブに25人のメンバーがいる。1人のpresidentと1人のsecretaryを選出するやり方は何通りあるか。

> [解答]

25人から2人を選び出す順列であるから、

$$_{25}P_2 = \frac{25!}{(25-2)!} = (25)(24) = \underline{600通り}$$

3　組合せ（Combination）

n 個のものから r 個を取り出す組合せ、

$$_nC_r = \binom{n}{r} = \frac{n!}{(n-r)!r!}$$

順列の例に倣い例題を用いて考える。

> **例題**　クラブに25人のメンバーがいる。2人の委員を選出するやり方は何通りあるか。

解答

先ほどの順列の例では、1人の president と1人の secretary を選び出す順列は、

$$_{25}P_2 = \frac{25!}{(25-2)!} = 600 \text{通り}$$

ここでは選ばれた2人は委員というだけで互いに区別はないので、A が president で B が secretary の場合と逆の場合は1つの組合せと考えてよい。よって組合せは、

$$\frac{600}{2!} = 300$$

結局、

$$\frac{n!}{(n-r)!r!} = \frac{25!}{(25-2)!2!} = 300$$

という計算を行っていることになる。

4 ラベリング問題、多項係数（Labeling Problem, Multinomial Coefficient）

10人のポートフォリオマネジャーがおり、2人は平均未満（poor）、6人は平均（average）、2人は好成績（good）であるとする。10人に3種類のラベルをつける組合せには何通りあるか。同じラベルをつけたポートフォリオマネジャーの順番には意味がなく、ラベルのみに意味があるとする。

この問題ではまず、10人を前から順に1列に並べる組合せ数を考える（10!）。次に、1列になった10人を前から2人、6人、2人に区切る。それぞれのグループに所属するマネジャーには差がない（順番には意味がない、同じものだと考える）と考えれば、それぞれのグループ内の組合せ2!、6!、2!はそれぞれ同じ1つの組合せと考えられる。よって、

$$\frac{10!}{2!6!2!} = 1,260 通り$$

○○｜●●●●●●｜△△

---

n個のものにk種類のラベルをつける組合せ（$n_1 + n_2 + \cdots + n_k = n$）

$$\frac{n!}{(n_1!)(n_2!)\cdots(n_k!)}$$

● 演 習

Q1 ［ラベリング問題］ 9つの株式がある。運用成績をみればこのうち5つが良好、2つが普通、2つが不良だとする。良好、普通、不良の組合せは何通りあるか。

  a 756
  b 1,512

c 3,024

解答　a

9枚のカード（3色）を1列に並べると考える。全順列は9!。

良好な5つのカードはどれも「良好」（赤）で区別できないと考えれば5!の順列はユニークではなく1つと数えることになる。

同様に、「普通」（黒）の順列のうち2!の順列はユニークではなく1つと数え、「不良」（青）の順列も2!の順列をユニークではなく1つと数えるから、

$$\frac{9!}{5!2!2!} = \frac{362,880}{5!2!2!} = 756$$

ここで、9!の計算は TI BA II Plus では、9 [2nd] [x!] により 362,880 が算出できる。

◆ 重要概念・重要公式まとめ ◆

- 階乗（factorial）

  $n! = n(n-1)(n-2)(n-3)\cdots 1$

- 順列（permutation）

  リプレースなしに n 枚のカードから r 枚を取り出す順列

  $${}_nP_r = \frac{n!}{(n-r)!}$$

- 組合せ（combination）

  n 個のものから r 個を取り出す組合せ

  $${}_nC_r = \binom{n}{r} = \frac{n!}{(n-r)!r!}$$

- ラベリング問題、多項係数 (labeling problem, multinomial coefficient)

  n 個のものに k 種類のラベルをつける組合せ ($n_1+n_2+\cdots+n_k=n$)

  $$\frac{n!}{(n_1!)(n_2!)\cdots(n_k!)}$$

第 8 講

確 率 分 布

この講のポイント

- 確率分布を理解する。離散確率変数と連続確率変数の差を説明できるか
- 確率関数、確率密度関数、確率分布関数を理解する
- 離散一様分布とは何か
- 二項分布とは何か
- 連続一様分布とは何か

1 確率分布

(1) 確率変数

発生する事象の確率が不確定である変数を確率変数 (random variable) という。確率変数には1、2、3、…というように飛び飛びの離散の値 (discrete) の場合と連続の値 (continuous) の場合がある。

(2) 確率分布に関する関数

確率分布に関する関数には確率関数（離散の確率関数、連続の確率密度関数）と確率分布関数の2種類がある。

① 確率関数 (probability function)

離散の確率変数が特定の値をとったときの確率を示す関数 p(x) を

確率関数という。

  p(x)＝P(X＝x)

 （左辺は x の関数であることを示す、右辺は確率変数 X が特定の値 x をとる確率を示す）

 同じように連続の確率変数の場合の関数 f(x) は確率密度関数（probability density function, pdf）と呼び次のように示す。

  f(x)＝P(X＝x)

② 確率分布関数（cumulative distribution function, cdf）

 確率変数が特定の値 x 以下となる確率を示す関数を（累積）確率分布関数（cumulative distribution function, cdf）という。英語の名称どおり確率関数（離散の場合）あるいは確率密度関数（連続の場合）を変数の小さいほうから順に累積的に足し上げたものである。

  F(x)＝P(X≦x)

(3) **確率分布の性質**（key properties of probability distribution）

確率関数 p(x) あるいは確率密度関数 f(x) は

 ① ある特定の確率変数の確率は０と１の間をとる。

 ② すべての確率変数の確率総合計は１になる。

確率分布関数 F(x) は

 ① F(x) の値は０から１までの値をとる。

 ② x の値を大きくすれば F(x) の値は増加するか同じ値であるかのいずれかである（非減少関数）。

 たとえば、投資収益の確率が次表のように離散的に示されているとする。

投資収益 Possible Investment Return （x）	確率 Probability of Return P(x)	分布関数、累積確率 Cumulative Probability F(x)
5%	0.20	0.20
10	0.40	0.60

15	0.30	0.90
20	0.10	1.00

この例は上記の性質を満たしている。

・すべての投資収益の確率は0～1の値をとっている
・確率総合計は1である。
・いずれの分布関数F(x)も0～1の間の値をとる。
・投資収益の値を上げていくと累積的な確率の値である分布関数は増加している（あるいは同じである）。

例題 この表に基づき(1) $P(X>15\%)$、(2) $P(10\%≦X≦20\%)$ を計算せよ。

解答

$P(X>15\%)=P(X=20\%)=\underline{0.10 \text{ or } 10\%}$

$P(10\%≦X≦20\%)=P(X=10\%)+P(X=15\%)+P(X=20\%)$
$=0.40+0.30+0.10=\underline{0.80 \text{ or } 80\%}$

2　離散の一様分布（The Discrete Uniform Distribution）

離散の確率変数が3から7までの5つの値をとりその確率が等しいとする。

確率変数 Random variable X	確率関数 Probability function p(x)	分布関数 Cumulative distribution function　F(x)
3	0.20	0.20
4	0.20	0.40
5	0.20	0.60
6	0.20	0.80

第8講　確率分布

| 7 | 0.20 | 1.00 |

この離散一様分布は、
① 各確率変数Xのとりうる確率p(X)は0～1の値をとる。
② 確率p(X)の総合計は1である。
③ 分布関数F(X)は非減少関数である。

等、確率分布の性質を満たしている。

> **例題** 上記の離散一様分布表を使ってP(3≦X≦5)の値を計算せよ。

|解答|

$P(3≦X≦5) = P(X=3) + P(X=4) + P(X=5)$
$= 0.20 + 0.20 + 0.20 = \underline{0.60}$

3 二項分布（The Binomial Distribution）

(1) 二項分布の確率関数

コイン投げのように表と裏の2種類の事象しかない試行（ベルヌーイ試行、Bernoulli trial）を続けて行うような事例を考える。

成功と失敗の2つの事象だけがあるとし、成功する確率をp、失敗する確率を1－pとする。試行はn回行われる。

2つの大事な前提がある。
・成功確率pは試行を続ける期間中一定である。
・各試行ごとの結果は独立で前の結果に影響されない。

このとき、成功する数を確率変数Xとする。Xが特定の値x(1, 2, …, n)をとる確率P(X=x)は次の式によって計算される。

$$P(X=x) = \frac{n!}{x!(n-x)!} p^x (1-p)^{n-x}$$

成功する回数が x 回だからその確率は p^x、試行 n 回のうち失敗する回数が n−x 回だからその確率は $(1-p)^{n-x}$、n 回の試行のうち成功する x 回が現れるシナリオは組合せ $nCx = \dfrac{n!}{x!(n-x)!}$ で計算できる。よって、成功する回数が x 回となる確率 $P(X=x)$ は $\dfrac{n!}{x!(n-x)!}p^x(1-p)^{n-x}$ となる。

(2) **二項分布の期待値**

二項分布の期待値は、

$$\mu_{\text{Binomial}} = np$$

(3) **二項分布の分散**

二項分布の分散、標準偏差は、

$$\sigma^2_{\text{Binomial}} = np(1-p)$$
$$\sigma_{\text{Binomial}} = \sqrt{np(1-p)}$$

> **例題** G チームは T チームに 6 割の勝率で勝つとする。5 回連続試合を行った場合に G チームが 0 回、1 回、2 回、3 回、4 回、5 回勝つ確率はそれぞれいくらか。また平均何回勝つと見込まれるか(勝つ回数の期待値)。

解答

試行数 n=5、勝率 p=0.6 だから、

$$P(X=x) = \dfrac{5!}{x!(5-x)!} 0.6^x (1-0.6)^{5-x}$$

よって、0 回から 5 回勝つ確率は、

$$P(X=0) = \frac{5!}{0!(5-0)!} 0.6^0 (1-0.6)^{5-0} = 0.01024$$

$$P(X=1) = \frac{5!}{1!(5-1)!} 0.6^1 (1-0.6)^{5-1} = 0.0768$$

$$P(X=2) = \frac{5!}{2!(5-2)!} 0.6^2 (1-0.6)^{5-2} = 0.2304$$

$$P(X=3) = \frac{5!}{3!(5-3)!} 0.6^3 (1-0.6)^{5-3} = 0.3456$$

$$P(X=4) = \frac{5!}{4!(5-4)!} 0.6^4 (1-0.6)^{5-4} = 0.2592$$

$$P(X=5) = \frac{5!}{5!(5-5)!} 0.6^5 (1-0.6)^{5-5} = 0.07776$$

上記確率を合計すると確率総合計は1.0000となる。

期待値は、

$$\mu_{Binomial} = np = 5 \times 0.6 = 3.0$$

分散は、

$$\sigma^2_{Binomial} = np(1-p) = 5 \times 0.6 \times 0.4 = 1.2$$

標準偏差は

$$\sigma_{Binomial} = \sqrt{np(1-p)} = \sqrt{5 \times 0.6 \times 0.4} = 1.095$$

4　連続一様分布（The Continuous Uniform Distribution）

確率変数Xがaからbまでの連続する値をとり、各々の値をとる確率が等しいときXの確率分布を連続一様分布と呼ぶ（図表8－1）。

連続一様分布は次のような特徴をもつ。

① 　Xが特定の値をもつときの確率は0である。

　　　もしある特定の値（点）をとる事象の確率が0でなければ、事象の数（aからbの間の数をとる事象数）は無限であるから確率合計が1とはならないことになる（1を超えてしまうことになる）。

図表8-1 連続一様分布

確率密度 f(X)

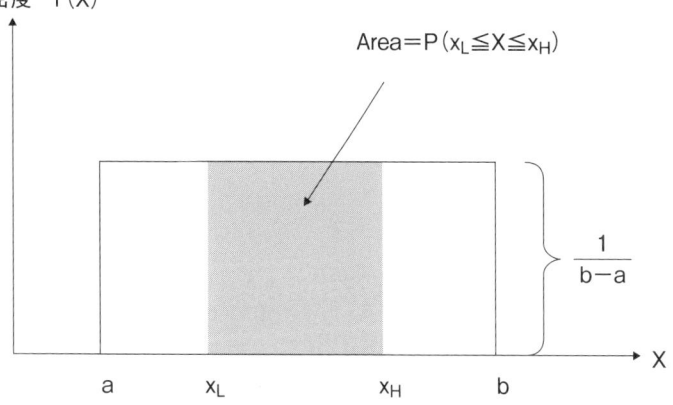

Area＝P(x_L≦X≦x_H)

$\dfrac{1}{b-a}$

a　x_L　　x_H　b　　X

② 確率の合計が1（面積＝長さ×高さ）でXの値のとる範囲がb－a（長さ）であるから、確率密度関数（高さ）は次式のとおり。

$$f(x) = \dfrac{1}{b-a}$$

③ Xが特定の範囲（たとえばx_Lからx_Hの間）に入る確率は示すことができる。Xがx_Lからx_Hの範囲に入る確率は次式のとおり。

$$P(x_L \leq X \leq x_H) = \dfrac{x_H - x_L}{b-a}$$

④ 連続一様分布に従う確率変数Xの期待値は

$$\mu_{\text{uniform}} = \dfrac{a+b}{2}$$

⑤ Xの分散(注)は、

$$\sigma_{\text{uniform}}^2 = \frac{(b-a)^2}{12}$$

(注) 一様分布の分散

確率変数 X が [a, b] の範囲の一様分布に従うとき、X の密度関数は [a, b] の範囲において、

$$f(x) = \frac{1}{b-a}$$

よって、X の期待値と、X^2 の期待値は X の定義域で積分して、

$$E[X] = \int_a^b x\, f(x) dx = \int_a^b x\, \frac{1}{b-a} dx = \frac{1}{b-a}\left[\frac{1}{2}x^2\right]_a^b = \frac{b^2 - a^2}{2(b-a)}$$

$$E[X^2] = \int_a^b x^2 f(x) dx = \int_a^b x^2 \frac{1}{b-a} dx = \frac{1}{b-a}\left[\frac{1}{3}x^3\right]_a^b = \frac{b^3 - a^3}{3(b-a)}$$

ここで X の分散 $\sigma_{\text{uniform}}^2 = V(X)$ は、
$$\sigma_{\text{uniform}}^2 = V(X) = E[X^2] - (E[X])^2$$
よって、

$$V(X) = \frac{b^3 - a^3}{3(b-a)} - \left[\frac{b^2 - a^2}{2(b-a)}\right]^2$$

$$= \frac{(b-a)^4}{12(b-a)^2}$$

$$= \frac{(b-a)^2}{12}$$

◆ 重要概念・重要公式まとめ ◆

- 離散の場合の確率関数（probability function）
  $p(x) = P(X = x)$
- 連続の場合の確率密度関数（probability density function）
  $f(x) = P(X = x)$
- 確率分布関数（cumulative distribution function）

確率変数が特定の値 x 以下となる確率を示す関数
　　　　$F(x) = P(X \leq x)$
- 確率関数 p(x)、確率密度関数 f(x) の性質
  ➢ 特定の値をとる確率は 0 と 1 の間（確率密度関数では 0）。
  ➢ すべての確率変数の確率の合計は 1。
- 確率分布関数 F(x) の性質
  ➢ F(x) の値は 0 から 1 までの値をとる。
  ➢ F(x) は非減少関数である。
- 二項分布（binomial distribution）
  確率関数
  $$P(X=x) = \frac{n!}{x!(n-x)!} p^x (1-p)^{n-x}$$
  期待値
  $$\mu_{\text{Binomial}} = np$$
  分散
  $$\sigma^2_{\text{Binomial}} = np(1-p)$$
  標準偏差
  $$\sigma_{\text{Binomial}} = \sqrt{np(1-p)}$$
- 連続一様分布（continuous uniform distribution）
  密度関数
  $$f(x) = \frac{1}{b-a}$$
  確率
  $$P(x_L \leq X \leq x_H) = \frac{x_H - x_L}{b-a}$$
  期待値
  $$\mu_{\text{uniform}} = \frac{a+b}{2}$$

分散

$$\sigma^2_{\text{uniform}} = \frac{(b-a)^2}{12}$$

第 9 講

正 規 分 布

この講のポイント

- 正規分布の特徴をあげよ
- 標準正規分布を用いて応用計算ができるか
- 正規分布を用いた投資リスク尺度（shortfall risk, safety-first ratio, Roy's safety-first criterion）が使えるか
- 対数正規分布とは何か
- モンテカルロ・シミュレーションとは何か、ヒストリカル・シミュレーションとの差異は何か

1　正規分布（Normal Distribution）

確率分布のなかで最も用いられるのが正規分布（normal distribution）である。平均が μ（ミュー）で標準偏差が σ（シグマ）の正規分布では確率密度関数は次のような複雑な式で表される。

$$f(x)=\frac{1}{\sqrt{2\pi}\,\sigma}e^{-\frac{1}{2}\left(\frac{x-\mu}{\sigma}\right)^2} \quad (-\infty<x<\infty)$$

正規分布には次のような特徴がある。

① 連続分布であり、確率変数 X は $-\infty$ から $+\infty$ まで変化する。
② 形状は釣鐘状（bell shape）で左右に裾を引く、左右の裾にいくほど密度は0に漸近するが0にはならない。
③ 左右対称（symmetry）で歪度（skewness）はゼロである。このため平均（重心点）、モード（頂点を示す点）、メディアン（面積を半分に分ける点）が一致する。
④ 平均 μ_x と分散 σ_x^2 という2つのパラメータで完全に語りつくされる。
⑤ 正規分布する確率変数の和もまた正規分布する。

正規分布に従う確率変数の場合、中心である平均値から標準偏差の左右何倍かの範囲に入る確率が決まってくる。正規分布は確率変数から平均を引き標準偏差で割るという標準化によりすべて標準正規分布に変換できる。標準化のメリットは標準化後のz値（中心からの距離が標準偏差のz倍か）がわかれば、累積分布確率 F(z) や $\mu \pm z\sigma$ の範囲に含まれる確率がわかる点にある。

標準偏差のz倍の範囲に含まれる確率で主要なもの（CFA®試験で記憶すべきもの）は図表9－1のとおり。

図表9－1　主要な信頼区間とそこに含まれる確率

信頼区間 Confidence interval $\mu_x \pm z\sigma_x$	信頼区間内に含まれる確率 Probability within the confidence interval $P(\mu_x - z\sigma_x \leq X \leq \mu_x + z\sigma_x)$
$\mu_x \pm 1.00\sigma_x$	68.0%
$\mu_x \pm 1.645\sigma_x$	90.0
$\mu_x \pm 1.96\sigma_x$	95.0
$\mu_x \pm 2.58\sigma_x$	99.0
$\mu_x \pm 3.00\sigma_x$	99.7

図表9-2 正規分布図

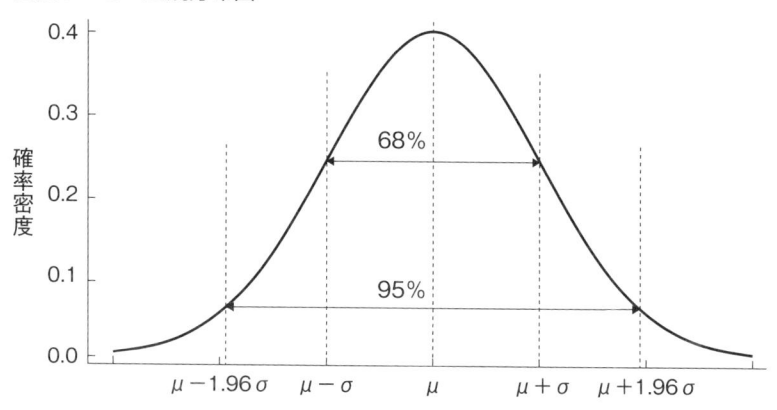

2　正規分布の信頼区間（Confidence Interval）

標本データが正規分布するとして、与えられた確率で（たとえば95％で）事象が現れる範囲のことを信頼区間（confidence interval）という。20回中19回（95％）発生する事象は常識的にみて「普通によく現れる確率」であるとして95％信頼区間を用いる例が多い。その他90％信頼区間、99％信頼区間などが目的に応じて用いられる。

> 信頼区間（confidence interval）
> $$CI_{p\%} = \mu_x \pm z_{p\%} \sigma_x$$
> $z_{p\%}$：信頼係数（confidence coefficient）

たとえば、図表9-2で標準偏差の±1.96倍の範囲で囲まれた部分が95％信頼区間である。

> **例題**　S&P 500 Index の年間期待収益率を15％、標準偏差を20％と見込んでいる。年間期待収益率の95％信頼区間を示せ。

> 解答
> 95%信頼区間は、平均値 ± 標準偏差 ×1.96倍であるから、
> $CL_{95\%} = \mu_x \pm 1.96\sigma_x = 15.0\% \pm 1.96(20\%) = \underline{-24.2\% \text{ to } 54.2\%}$

3 標準正規分布 (Standard Normal Distribution)

(1) 標準正規分布

正規分布に従う確率変数は無数に存在する。このうち、平均 $\mu = 0$、標準偏差 $\sigma = 1$ の正規分布を標準正規分布 (standard normal distribution) と呼ぶ。どのような正規分布に従う確率変数 X も次の標準化というプロセスを経ることで標準正規分布に従う確率変数 Z に変換することができる。

標準化正規変数 Z (standardized normal variable Z)

$$Z_x = \frac{X - \mu_x}{\sigma_x}$$

$Z_x \sim N(0, 1^2)$

---

(2) 標準化プロセス

標準化プロセスで行っていることは以下のとおり。

確率変数 X が平均 μ、標準偏差 σ の正規分布に従うとする。

(確率変数 X の分布)

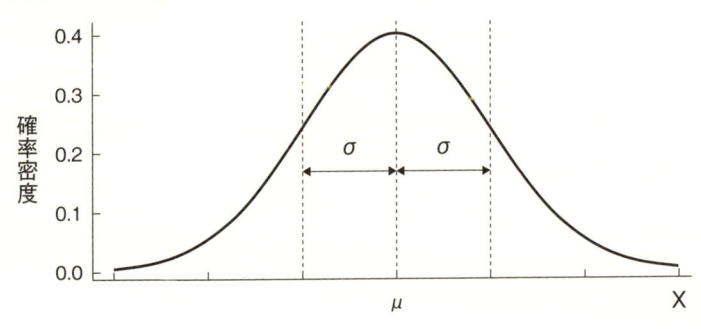

(確率変数 x−μ の分布)

　確率変数 X から μ を引くとグラフは左に移動し、平均がゼロの分布となる。

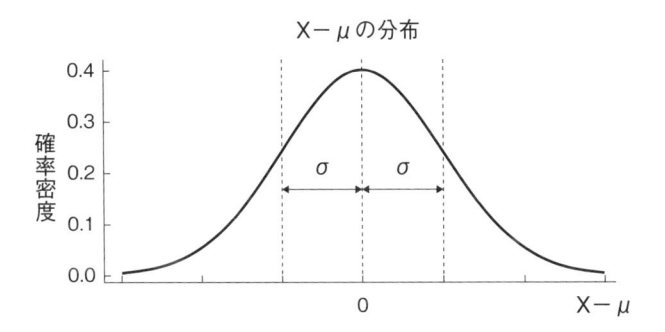

X−μ の分布

(確率変数 z=(x−μ)/σ の分布)

　これをさらに σ で割ると標準偏差が 1/σ に縮小され、平均＝0、標準偏差＝1 の正規分布となる。

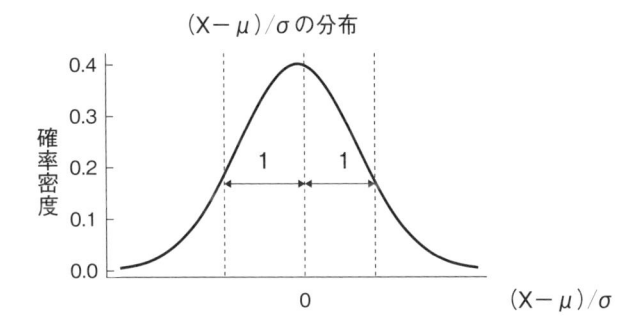

(X−μ)/σ の分布

　こうした変換を標準化（normalization）といい、変換後の数値を z-value と称している。

$$Z_x = \frac{X - \mu_x}{\sigma_x}$$

図表 9 − 3　標準正規分布

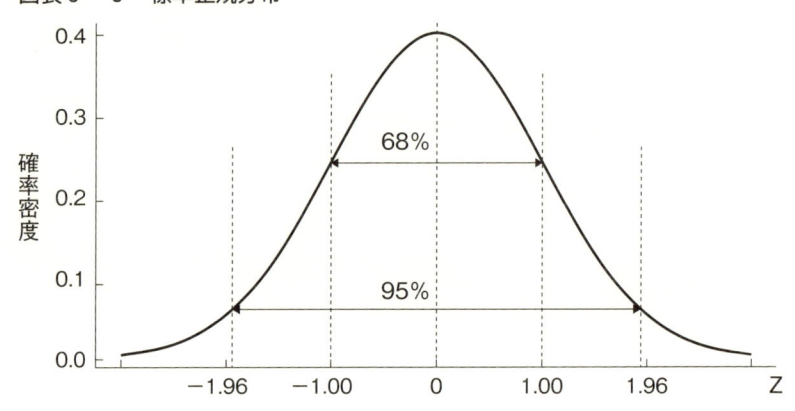

例題
算術平均20、分散16の正規分布がある。X 値28は平均から標準偏差の何個分離れた位置にあるか（X＝28として標準化後の Z 値はいくらか）。

解答
標準化正規変数に変換する問題

$$Z_x = \frac{X - \mu_x}{\sigma_x} = \frac{28 - 20}{\sqrt{16}} = \underline{2.0}$$

4　正規分布を使っての確率計算

標準正規分布の値とそれに対応する確率は標準正規分布表によって見つけることができ応用範囲が広い。標準正規分布のグラフは 0（一般正規分布では μ）を中心とした左右対称な釣鐘形状で、横軸は中心から標準偏差の何倍離れているかを示し、縦軸は密度を表している（一般の正規分布とは横軸のスケールが異なる）。標準正規分布表（累積分布確率）を用いて実際例を示せば下記のとおり。

> **例題** 1株当り収益の期待値が＄6.00であるとする。標準偏差が＄0.60の正規分布に従うとすれば、1株当り収益が＄4.80以下になる確率はいくらか。

解答

プロセスは以下のとおり。

① 正規分布の図をかき、各値の大まかな位置づけを知る。

本問で求めるべきは図表9－4 ＄4.80より左裾の面積(確率)である。

② 標準化しz値を計算する。

$$Z_x = \frac{X - \mu_x}{\sigma_x} = \frac{\$4.80 - \$6.00}{\$0.60} = -2.00$$

③ 標準正規分布表から確率を求める。

$Z_x = -2.00$の確率は、一覧表の左列(縦軸)－2.0と上の行(横軸、小数点2桁目を示す)0の交差する値から読み取る。

図表9－4中に示される確率は－2.00のポイントより左の面積を表す。

図表9－4 1株当り収益＄4.80以下の確率

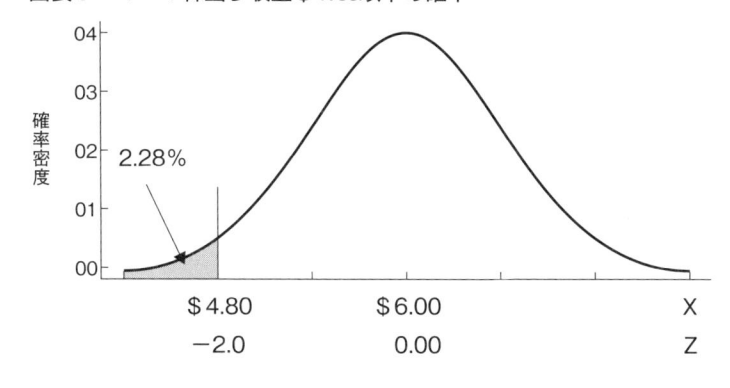

図表 9 － 5　標準正規分布表（Cumulative Probabilities for a Standard Normal Distribution）

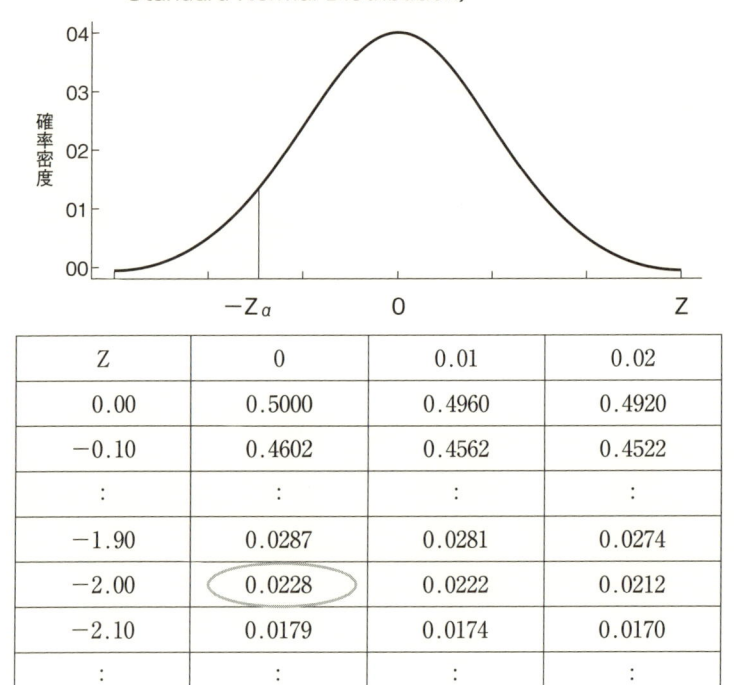

Z	0	0.01	0.02
0.00	0.5000	0.4960	0.4920
－0.10	0.4602	0.4562	0.4522
⋮	⋮	⋮	⋮
－1.90	0.0287	0.0281	0.0274
－2.00	0.0228	0.0222	0.0212
－2.10	0.0179	0.0174	0.0170
⋮	⋮	⋮	⋮

$P(X \leq \$4.80) = P(Z_x \leq -2.0) = 2.28\%$

5　平均・分散分析（正規分布の応用）

　投資収益の期待値と分散が正規分布に従うとの前提でリスク尺度等の分析を行うことができる。

(1)　ショートフォールリスク（Shortfall risk）

　投資収益がある期待値と分散（標準偏差）をもつ正規分布に従うと仮定する。そのうえで要求される最低収益レベル以下になる確率をショートフォールリスクと呼ぶ（図表 9 － 6 ）。

図表9－6　ショートフォールリスク

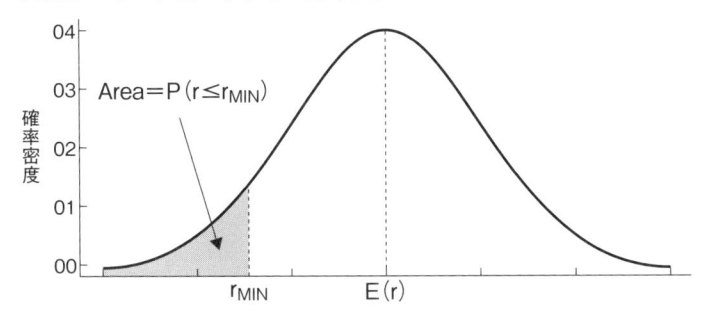

（2）**セーフティ・ファースト比率**（Roy's safety-first criterion）

投資収益が正規分布に従うとして、期待値と標準偏差が推定されているとする。これと最低収益レベル値（r_{min}）を用いてセーフティ・ファースト比率というものを計算することができる。シャープ・レシオに似た概念で、リスク対比の超過収益率を示しており、より最適な投資対象を見つけるのに用いる。

$$\text{SF Ratio} = \frac{E(r_p) - r_{min}}{\sigma_p}$$

6　対数正規分布（The Lognormal Distribution）

世帯ごとの年間所得の分布や株価前日比（V_{t+1}/V_t）の分布をとった場合、低いほうには限度があり（しかも負の数字をとらない）高いほうには明確な限度がない。このような場合、対数正規分布を当てはめることが多い。

正規分布の密度関数は次式のようであった。

$$f(x) = \frac{1}{\sqrt{2\pi}\,\sigma} e^{-\frac{1}{2}\left(\frac{x-\mu}{\sigma}\right)^2} \quad (-\infty < x < \infty)$$

ここで X を log Y に置き換えると次式のようになる。log Y が正規分布に従うので、Y の確率分布は対数正規分布と呼ばれる。

$$f(y)=\frac{1}{\sqrt{2\pi}\sigma}e^{-\frac{1}{2}\left(\frac{\log y-\mu}{\sigma}\right)^2} \qquad 0<x<\infty$$

Xが標準正規分布に従う確率変数だとすれば$\mu+\sigma X$という確率変数はμ, σ^2をパラメータとする正規分布に従う。これが肩に乗っている指数型分布をYとすると、

　　　Y＝$e^{\mu+\sigma X}$　　　（すなわち lnY＝$\mu+\sigma X$）

言い換えれば、Y＝$e^{\mu+\sigma X}$＝$e^{N(\mu, \sigma^2)}$ (X～N(0, 1)、Xは正規分布に従う）の分布を対数正規分布と呼ぶ。対数正規分布の特徴は以下のとおり。

① 下限は0、上限は無限大。
② 正の歪度をもつ（対数をとれば左右対称の正規分布となる）。
③ 分布のパラメータは2つ（正規分布と同じく平均と分散の2パラメータ）。
㊟ ちなみに、対数正規分布の平均と分散は次の式で与えられる。
　（CFA®試験では対数正規分布の期待値、分散まで記憶する必要はない）

　　期待値：E(Y)＝$\exp\left(\mu+\frac{\sigma^2}{2}\right)$

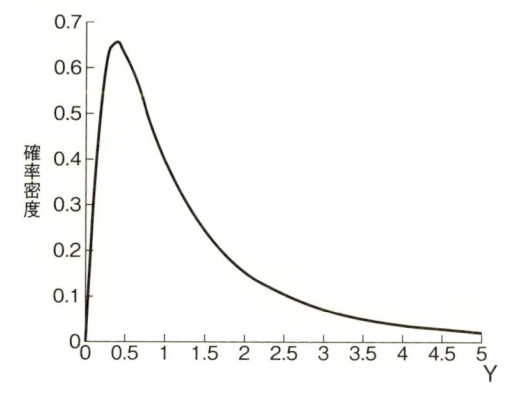

図表9－7　対数正規分布

図表9－8　対数正規に従う確率変数 Y の対数をとった場合の確率分布（X=log Y の確率分布）

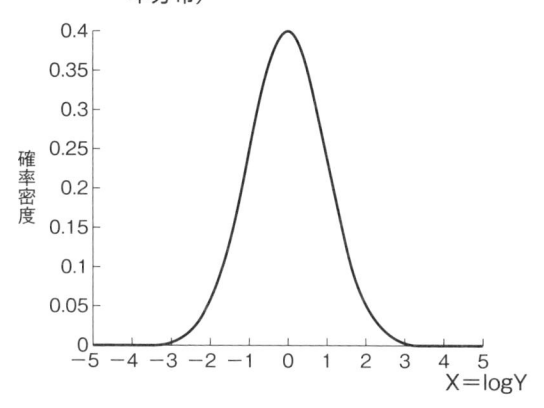

図表9－9　正規分布と対数正規分布の対応（X=log Y）

Y が対数正規分布する	logY が正規分布する
Y= 0	X=log Y=－∞
Y=expμ	X=log(expμ)=μ
Y=∞	X=log Y=＋∞

分散：$V(Y) = \exp(2\mu + 2\sigma^2) - \exp(2\mu + \sigma^2)$

7　離散型収益率と連続型収益率

離散期間（たとえば1年）の収益率 r_A は現在の株価を V_0 とし、1年後の株価を V_1 とすれば次のようになる。

$$\frac{V_1}{V_0} = (1 + r_A)$$

これに対して保有期間中、連続複利で増加すると考えれば連続金利 r_c を使って次のように表示することができる。

$$\frac{V_1}{V_0} = e^{r_c}$$

V_1 は0から無限大までの値をとるので、$\frac{V_1}{V_0}$ も0から $+\infty$ までの値をとる。これは対数正規の前提と同じである。通常、期待収益率 r_A が正規分布に従うと考えるので、連続金利 e^{r_c} が対数正規分布に従うと考えることは都合がよい。また、ファイナンスでは理論上数式を取り扱う際に便利であるため連続金利を用いることが多く、そこでは通常連続金利 e^{r_c} が対数正規分布に従うとの前提に立つ。

離散金利 r_A と連続金利 r_c の関係は次のような式で示される。

$r_c = \ln(1+r_A)$

$r_A = e^{r_c} - 1$

> **例題** 離散型で年率15%の金利は連続金利に直すといくらか。

解答

$r_c = \ln(1+r_A) = \ln(1+0.15) = 0.1398$ or 13.98%

TI BA II Plus では、1.15 [LN] と入力すれば0.1398と表示される。

8 モンテカルロ・シミュレーションとヒストリカル・シミュレーション

(1) モンテカルロ・シミュレーション (Monte Carlo simulation)

コンピュータを用いて説明変数(入力項目)が特定のある確率分布に従うとの前提のもとで乱数を発生させ、出力の分布状況(平均、標準偏差、分布形状、信頼区間等)を計測・調査する手法をモンテカルロ・シミュレーションという。

モンテカルロ・シミュレーションを用いて、たとえば、

① 投資政策・アセットアロケーションを変更した場合のリターン・リスクの変化検証。
② 投資リスクの測定（Value at Risk 等）。
③ 証券化商品など複雑な金融商品の収益・リスクのシミュレーション。
④ さまざまなモデルの妥当性検討。

を行うことができる。

一方、モンテカルロ・シミュレーションには以下の限界がある。

① 1つの期待値を生み出すが、それが必ずしも正確な予測とは限らないこと（出力結果は確率分布の前提、パラメータ設定に依存する）。
② 因果関係を示すものではないこと（因果関係やモデルの論理に関しては知見が必要）。

(2) **ヒストリカル・シミュレーション**

ヒストリカル・シミュレーションとは、説明変数（入力変数）に特別の確率分布の前提を置くことなく過去の実績値を用いて模擬実験することをいう。過去の日時データ（およびそれらから計算した平均、標準偏差、メディアン、モード、歪度、尖度）を用いてシミュレーションを行うのである。

特定の分布、パラメータを前提としないのでバイアスを排除できことはメリットであるが、次の限界がある。

① 過去のデータに表れないリスクは計測しようがないこと。
② "what-if" 分析が不可能であること。
③ 暗黙のうちに将来を過去の連続ととらえていること。
④ モンテカルロ・シミュレーション同様、シミュレーション自体は因果関係を示すわけではないこと。

● 演 習

Q1 平均1000、標準偏差300の正規分布に従う確率変数があるとする。観

測値が400であるとすると、この値のz値（標準化変換後）はいくらか。

a　－2.00
b　－1.75
c　2.00

解答　a

$$Z_x = \frac{X - \mu_x}{\sigma_x} = \frac{400 - 1,000}{300} = \underline{-2.00}$$

Q2　ある産業の1株当り配当金額を調べている。各社の配当が正規分布に従うとし、その平均が＄4.95、標準偏差が＄1.05であるとする。無差別に標本をとったときにその配当が＄6.00以上となる確率はいくらか。

a　2.5%
b　16.0%
c　23.0%

解答　b

$$Z_x = \frac{X - \mu_x}{\sigma_x} = \frac{\$6.00 - \$4.95}{\$1.05} = \underline{1.00}$$

標準化したZ値が1.00以下になる確率（1.00より左の面積）は84.13%であるから、1.00以上になる確率は100%－84.13%＝15.87%≒$\underline{16\%}$

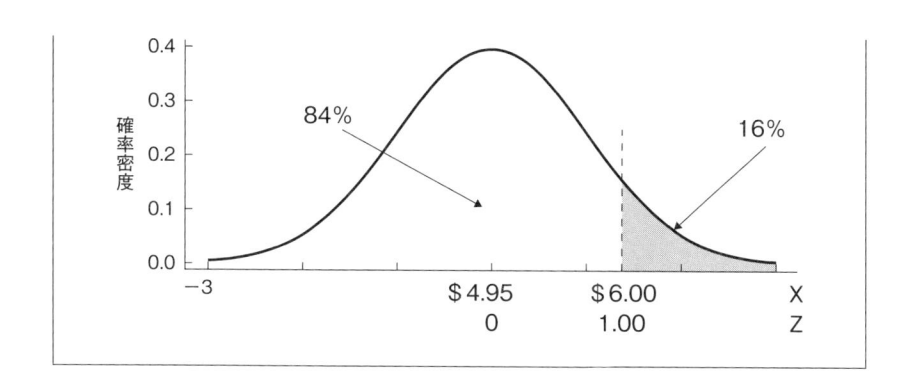

[グラフ: 正規分布曲線。x軸に-3, $4.95 (0), $6.00 (1.00), X, Z。84%と16%の領域表示]

Q3 もし、投資の期待収益率が20%、標準偏差が20%という正規分布に従うとするならば、投資収益は次のどの範囲に収まると考えるべきか。

  a 68%のチャンスで実際収益は −20%から20%の範囲に収まる
  b 68%のチャンスで実際収益は 0％から40%の範囲に収まる
  c 50%のチャンスで実際収益は正の数字となる

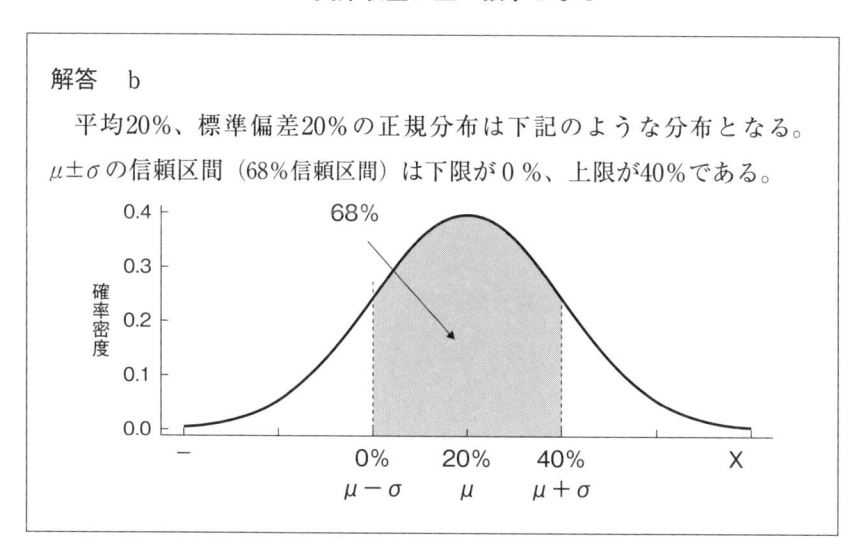

> 解答 b
>
> 平均20%、標準偏差20%の正規分布は下記のような分布となる。$\mu \pm \sigma$の信頼区間（68%信頼区間）は下限が0％、上限が40%である。
>
> [グラフ: 正規分布曲線。x軸に0% ($\mu - \sigma$), 20% (μ), 40% ($\mu + \sigma$)。68%の領域表示]

Q4 ABC社が平均＄16、標準偏差＄4という配当予想をしているとする。

$24以上の配当となる可能性は何％か。

 a 2.28%
 b 2.50%
 c 5.00%

解答 a

$24のz値を求める。

$$Z_x = \frac{X - \mu_x}{\sigma_x} = \frac{\$24 - \$16}{\$4} = \underline{2.00}$$

Z値2.00より下の確率は97.72%であるから、Z値＝2.00より大きくなる確率は2.28%。

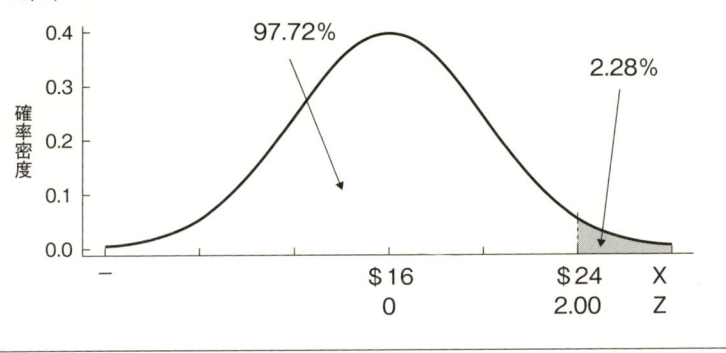

Q5 投資の期待収益率が次の表のようなシナリオで予想されているとする。期待収益率がゼロより大きくなる確率はいくらか。

Possible return	Probability of return
−0.5%	0.20
0%	0.40
5%	0.30
10%	??

a　80%
b　40%
c　30%

解答　b

確率合計は1.00（100％）となるので??と表示されている確率は0.10。

シナリオは上記4通りのみであるからゼロより大きな収益率というのは5％と10％のときを意味する。

P(positive rerurn)＝P(5%)＋P(10%)＝0.30＋0.10＝<u>0.40 or 40%</u>

◆ 重要概念・重要公式まとめ ◆

- 正規分布の密度関数

$$f(x)=\frac{1}{\sqrt{2\pi}\,\sigma}e^{-\frac{1}{2}\left(\frac{x-\mu}{\sigma}\right)^2} \quad (-\infty<x<\infty)$$

- 正規分布の特徴
  ① 連続分布。確率変数は $-\infty$ から $+\infty$ まで変化。
  ② 形状は釣鐘状（bell shape）。左右の裾にいくほど0に漸近。
  ③ 左右対称（symmetry）、歪度（skewness）ゼロ。
     平均、モード、メディアンが一致。
  ④ 平均と分散という2つのパラメータで要約される。
  ⑤ 正規分布する確率変数の和もまた正規分布する。
- 正規分布の信頼区間と信頼区間に含まれる確率

信頼区間 Confidence interval $\mu_x \pm z\sigma_x$	信頼区間内に含まれる確率 Probability within the confidence interval $P(\mu_x - z\sigma_x \leq X \leq \mu_x + z\sigma_x)$
$\mu_x \pm 1.00\sigma_x$	68.0%
$\mu_x \pm 1.645\sigma_x$	90.0
$\mu_x \pm 1.96\sigma_x$	95.0
$\mu_x \pm 2.58\sigma_x$	99.0
$\mu_x \pm 3.00\sigma_x$	99.7

- 信頼区間（confidence interval）

    $CI_{p\%} = \mu_x \pm z_{p\%}\sigma_x$

- 標準化正規変数 Z（standardized normal variable Z）

    $Z_x = \dfrac{X - \mu_x}{\sigma_x}$

- ショートフォールリスク（Shortfall risk）

    投資収益が正規分布に従うと仮定したうえで、設定した最低収益レベル以下になる確率のこと。

    $Area = P(r \leq r_{MIN})$

- セーフティ・ファースト比率（Roy's safety-first criterion）

    $SF\ Ratio = \dfrac{E(r_p) - r_{min}}{\sigma_p}$

- 対数正規分布（The Lognormal Distribution）

    log Y が正規分布に従うとき、Y の確率分布は対数正規分布と呼ばれる。

    $f(y) = \dfrac{1}{\sqrt{2\pi}\sigma} e^{-\frac{1}{2}\left(\frac{\log y - \mu}{\sigma}\right)^2} \quad 0 < x < \infty$

    対数正規分布の特徴
    ① 下限は 0、上限は無限大。
    ② 正の歪度をもつ。

③ 分布のパラメータは2つ（平均と分散）。
- 離散金利（r_A）と連続金利（r_c）
  $r_c = \ln(1+r_A)$
  $r_A = e^{r_c} - 1$
- モンテカルロ・シミュレーション（Monte Carlo simulation）
  コンピュータを用いて説明変数（入力項目）がある特定の確率分布に従うとの前提で乱数を発生させ出力の分布状況（平均、標準偏差、分布形状、信頼区間等）を計測・調査する手法。

  モンテカルロ・シミュレーションの用途
  ① 投資政策・アセットアロケーション変更時のリターン・リスクの変化検証
  ② 投資リスクの測定
  ③ 複雑な金融商品の収益・リスクのシミュレーション
  ④ モデルの妥当性検討

  モンテカルロ・シミュレーションの限界
  ① 必ずしも正確な予測とは限らない（確率分布、パラメータに依存）
  ② 因果関係を示すものではない
- ヒストリカル・シミュレーション
  説明変数（入力変数）に特別の確率分布の前提を置くことなく過去の実績値を用いて模擬実験すること。

  長所
  ① 特定の分布、パラメータを前提としない

  短所
  ① 過去のデータに表れないリスクは計測できない
  ② "what-if" 分析が不可能
  ③ 将来を過去の連続ととらえている
  ④ シミュレーション自体は因果関係を示すわけではない

第 10 講

標本抽出と推定

この講のポイント

- ランダム・サンプリングと層別ランダム・サンプリングの違いは何か
- 標本誤差（sampling error）とは何か
- 不偏推定量（unbiased estimator）、有効推定量（efficient estimator）、一致推定量（consistent estimator）とは何か
- 中心極限定理を説明せよ
- 信頼区間とは何か、標本データを使って信頼区間を計算できるか
- 最適なサンプルサイズが計算できるか
- 標本抽出に係るバイアスについて説明せよ

1 標本抽出（Sampling）

　母集団（population）データすべてを測定することはむずかしい。そこで母集団からある個数（sample size という）の標本（sample）を抽出し、標本データの分析を行い、母集団を特徴づけるパラメータ（平均、分散など）の推測を行うのである。この手続を統計的推測（statistical inference）という。
　標本抽出（sampling）の種類は以下のとおり。

(1) **単純ランダム・サンプリング（simple random sampling）**

母集団個数を N、標本個数を n とした場合、母集団から n/N の確率で無作為に標本を抽出するもの。通常次の手続をとる。

① 母集団に通し番号をつける。
② N 個の番号から n 個の番号を無作為に引く。
③ 抽出番号の当たる標本を調査する。

無作為抽出とするために乱数表やコンピュータで発生させた疑似乱数などを用いることができる（放送局による電話による世論調査）。

(2) **系統サンプリング（systematic sampling）**

母集団に通し番号をつける。初めの1つの標本だけは乱数表などによりランダムに選ぶ。それ以降はこの数字から始めて一定間隔（50番目ごとなど）で抽出する。

(3) **層別ランダム・サンプリング（stratified random sampling）**

標本を抽出するときに母集団の構成がそのまま標本に反映するとは限らない。そこで母集団を等質なグループ（層）に分け、各層から決まった割合の標本を抽出する方法をとることがある。たとえば債券市場全体の特徴をみるために、格付別、期間別、タイプ別（国債、社債、アセットバック等）に層別化して各層から時価総額に応じた割合で標本を抽出するなどの方法。

2 標本誤差と標本分布（Sampling Error and Sampling Distribution）

株式市場全体の株式の P/E 比率を調べるとする。限られたサイズの標本から得られた平均値を $\bar{X}$、分散を s_x^2 と表示し、標本平均（sample mean）、標本分散（sample variance）と呼ぶ。標本平均のように標本を要約し母集団のパラメータの推測に用いられるものを統計量（statistic、単数形）と呼ぶ。これらはあくまでも標本を要約したものであって母平均 μ_x（population mean）、母分散 σ_x^2（population variance）の推定値（estimator）ではあるが、母集団パラメータの真値ではない。標本の統計量（sample statistic）と母集

図表10-1 母集団と標本

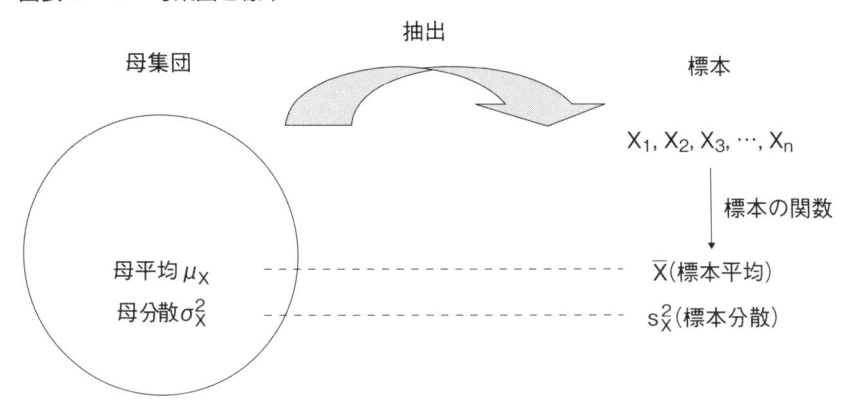

団のパラメータ真値との差をサンプル・エラー（sampling error）と呼ぶ。

標本のとり方によって標本平均の数値はばらつく。統計量（標本平均など）がばらつく分布のことをその統計量の標本分布（sampling distribution）と呼ぶ（図表10-1）。

母集団が正規分布する場合については前講で学んだが、母集団のXが正規分布するとき、標本平均$\overline{X}$も正規分布する。$\overline{X}$の期待値$E[\overline{X}]$は母平均μ_xに等しく、標本の偏差平方和を$n-1$で割った標本分散s_x^2はその期待値が母分散σ_x^2に等しい。このように統計量（ここでは標本平均と標本分散）は母集団と標本をつなぐ重要な量である。

標本平均　$\overline{X} = \dfrac{X_1 + \cdots X_n}{n}$

$E(\overline{X}) = \mu_x$

標本分散　$s_X^2 = \dfrac{1}{n-1}\{(X_1-\overline{X})^2 + (X_2-\overline{X})^2 + \cdots + (X_n-\overline{X})^2\}$

$E(s_X^2) = \sigma_x^2$

3　よい推定量

たとえば身長に関して正規分布する母集団の平均値パラメータ θ を知りたいとする。標本データからとった標本平均、標本メディアン、標本の切り落とし平均（最大値、最小値を落とした平均）などの推定量候補がありうる。

標本から得られた推定量が母集団パラメータの真値の近くに分布していればよい推定量である。この「よい推定量」の基準として次のような基準がある。

① 不偏推定量（unbiased estimator）

過大でもなく過小でもなく、平均的に正しく不偏に推定するもの。推定量の期待値（平均値）$E(\hat{\theta})$ が真のパラメータの値 θ に等しければこれを不偏推定量という（標本から計算された推定量はパラメータ θ に ^（ハット）をつけて $\hat{\theta}$ のように表す）。

$$E(\hat{\theta}) = \theta$$

たとえば標本平均は常に母平均の不偏推定量である。また、$n-1$ で割った標本分散 $s_X^2 = \dfrac{1}{n-1}\sum_{i=1}^{n}(X_i - \overline{X})^2$ は母分散の不偏推定量である。

② 有効推定量（efficient estimator）

いかなる推定量よりも分散が小さい推定量があれば（パラメータの真値周りに推定量が集中していれば）非常に望ましい。そのような推定量を有効推定量という。

③ 一致推定量（consistent estimator）

標本サイズ n が大きくなればなるほど推定量が真のパラメータに近づく性質をもっているとき、その推定量を一致推定量と呼ぶ（数学的には、すべての $\varepsilon > 0$ に対して、$n \to \infty$ のとき $P(|\hat{\theta} - \theta| > \varepsilon) \to 0$ となるとき、$\hat{\theta}$ を一致推定量という）。

たとえば分散の最尤推定値 $S^2 = \frac{1}{n}\sum_{i=1}^{n}(X_i - \overline{X})^2$ は母分散の一致推定量であるが不偏推定量ではない。

4　中心極限定理（Central Limit Theorem）と標準誤差（Standard Error）

　標本による母集団パラメータの推定を行う際、特に１つの値で指定する点推定（point estimation）を行う際に重要な定理が中心極限定理（the central limit theorem）である。

　「いかなる分布でも、その標本平均 $\overline{X}$ は標本サイズ n が大きくなるにつれて、平均 μ_x、標準偏差 $\frac{\sigma_x}{\sqrt{n}}$ の正規分布に近づく」

　この性質は確率論の基本法則の１つで大数の法則ともいう。

---

　n →∞のとき

　　$\overline{X} = \frac{1}{n}(X_1 + X_2 + \cdots + X_n) \to \mu$

---

　n 個の標本を考えるとき標本平均 $\overline{X}$ の分布は真の平均パラメータ μ_x の周りに正規分布し、n が大きくなるほど $\overline{X}$ の分布の幅は狭まり、真の平均値周りに集中する、すなわち $\overline{X}$ の分布の標準偏差 $\sigma_{\overline{x}}$（標準誤差 standard error という。標本分布の平均値のばらつきの大きさを表す）は小さくなる、というものである。

① 　元の X がどんな分布であろうが（正規分布でなくても）標本平均 $\overline{X}$ は正規分布に従う。
② 　標本平均の平均（標本平均分布の期待値）$\mu_{\overline{x}}(=E(\overline{X}))$ は母平均 μ_x に等しい。

　　　$\mu_{\overline{x}} = \mu_x$

③ 標準誤差 $\sigma_{\bar{x}}$（standard error of the sample mean）は母集団標準偏差 σ_x を $\sqrt{n}$ で割ったものに等しく、標本サイズ（サンプル数）n が大きくなるほど標準誤差は小さくなる。

$$\sigma_{\bar{x}} = \frac{\sigma_x}{\sqrt{n}}$$

母集団の標準偏差 σ_x が未知のときでも標本平均 $\overline{X}$ の標準誤差は標本の標準偏差 s_X から計算できる。

$$s_{\bar{x}} = \frac{s_X}{\sqrt{n}}$$

> **例題** 標本数225の株式リターンの平均が15.3で分散が100である。標本の標準誤差はいくらか。

解答

標本分散 s_X^2 が100ゆえ標本標準偏差 s_X は10。よって標準誤差は、

$$s_{\bar{x}} = \frac{s_X}{\sqrt{n}} = \frac{10}{\sqrt{225}} = \underline{0.67}$$

5　信頼区間と区間推定

標本データから母平均の範囲を知りたいとする。「めったに起こらない現象」を除いた場合、すなわち「比較的頻繁に起こる現象」の範囲内で母平均の存在範囲を推定するときに95％信頼区間、あるいは99％信頼区間を使う。手順は以下のとおり。

・標本平均 $\overline{X}$ の分布が平均 $\mu_{\bar{x}}$、標準偏差（標準誤差）$\sigma_{\bar{x}}$ の正規分布に従うとする。標本平均 $\overline{X}$ を標準化すれば次のようになる。

$$z = \frac{\overline{X} - \mu_{\bar{x}}}{\sigma_{\bar{x}}} \cdots\cdots ①$$

（これは元のデータ X を標準化した $z=\dfrac{X-\mu}{\sigma}$ とは異なる。上式は<u>標本平均</u> $\overline{X}$ を標準化したもの）

- 標本平均 $\overline{X}$ の平均 $\mu_{\bar{x}}$ が、母平均 μ_x に一致する。

$$\mu_{\bar{x}}(=E(\overline{X}))=\mu_x \cdots\cdots ②$$

標本平均の標準偏差（標準誤差）$\sigma_{\bar{x}}$ は、母集団標準誤差 σ_x と次のような関係がある。

$$\sigma_{\bar{x}}=\dfrac{\sigma_x}{\sqrt{n}} \cdots\cdots ③$$

この②③を z の式①に代入して、

$$z=\dfrac{\overline{X}-\mu_x}{\dfrac{\sigma_x}{\sqrt{n}}} \cdots\cdots ④$$

- μ_x は未知であるが、それ以外の値はデータから計算できるとする。この z 式④を変形して、

$$\mu_x=\overline{X}-z\cdot\dfrac{\sigma_x}{\sqrt{n}}$$

- 信頼係数が95％の場合、上下の信頼限界は $z=\pm 1.96$ であるから、

$$\overline{X}-1.96\cdot\dfrac{\sigma_x}{\sqrt{n}} \leq \mu_x \leq \overline{X}+1.96\cdot\dfrac{\sigma_x}{\sqrt{n}}$$

左辺 $\overline{X}-1.96\cdot\dfrac{\sigma_x}{\sqrt{n}}$ を μ_x の下方信頼限界（lower confidence limit）と呼び、右辺 $\overline{X}+1.96\cdot\dfrac{\sigma_x}{\sqrt{n}}$ を上方信頼限界（upper confidence limit）と呼ぶ。

一般に $(1-\alpha)$％の信頼係数の場合に母平均の区間推定値は以下のとおり。

> **母標準偏差が既知の場合の区間推定**
>
> $$\overline{X} - z_{\alpha/2} \cdot \frac{\sigma_x}{\sqrt{n}} \leq \mu_x \leq \overline{X} + z_{\alpha/2} \cdot \frac{\sigma_x}{\sqrt{n}}$$
>
> 95%信頼区間（両側5％有意水準、$\alpha = 5\%$）のとき $z_{\alpha/2} = 1.96$
>
> 99％信頼区間（両側1％有意水準、$\alpha = 1\%$）のとき $z_{\alpha/2} = 2.58$

ここで、有意水準とは信頼係数の裏返しの概念で、めったに起こらないことが起こる確率のことをいう。1から有意水準を差し引いた値が信頼区間である。

> **例題** 100個の株式ファンドを標本として選びβ平均を求めると1.7となった。その標準偏差は0.4である。95％信頼区間のもとで母集団のβはどの範囲にあると推定されるか。

解答

標本平均の標準誤差（standard error）は、

$$\sigma_{\bar{x}} = \frac{\sigma_x}{\sqrt{n}} = \frac{0.4}{\sqrt{100}} = 0.04$$

95％信頼区間は「標本平均から左右に標準誤差1.96個分離れた区間」であるから、

$$\overline{X} - 1.96 \cdot \frac{\sigma_x}{\sqrt{n}} \leq \mu_x \leq \overline{X} + 1.96 \cdot \frac{\sigma_x}{\sqrt{n}}$$

$$1.7 - 1.96 \times 0.04 \leq \mu_x \leq 1.7 + 1.96 \times 0.04$$

よって母集団の平均βの範囲は1.622から1.778と推定される。

母標準偏差が未知の場合には上記z値を使った区間推定ではなく、原則としてt値を使った区間推定を行う（図表10－2）。

図表10-2　母平均パラメータ推定の種類

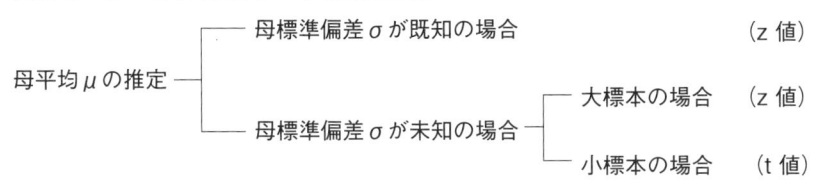

母平均μの推定
├─ 母標準偏差σが既知の場合　　　　　　　　　　　（z値）
└─ 母標準偏差σが未知の場合
　├─ 大標本の場合　　（z値）
　└─ 小標本の場合　　（t値）

6　t 分 布

　t分布はW. S. Gossetが発見した分布である。GossetがStudentというペンネームを使っていたことからスチューデントのt分布と呼ばれる。

　t分布は標準正規分布と同様左右対称の釣鐘型の形状をしている（平均 $\mu=0$ という点でも標準正規分布と同じ）（図表10-3）。標準正規分布と異なる点（特徴）は以下のとおり。

図表10-3　t分布の確率密度のグラフ

（自由度3、10、30のt分布と標準正規分布、上から標準正規、自由度30、10、3のt分布。ここでは裾が重く中央部の幅が狭い（尖っている）のが自由度3のt分布）

① 自由度が小さいときは裾が重い（tail heavy, fat tail）。
② 自由度が大きくなるほど正規分布に近づく。
③ 自由度が30以上になればほとんど正規分布と区別がつかない。

ここで、自由度（degree of freedom）とは標本サイズnから1を引いたものである。

degree of freedom＝n－1

統計学的にはt分布には次の3つの前提があるとされる。
① Zが標準正規分布N（0, 1）に従う。
② Yが自由度k（＝n－1）のχ^2分布に従う（χ^2分布については後述）。
③ ZとYは独立である。

ここで、確率変数tを、

$$t = \frac{Z}{\sqrt{\frac{Y}{k}}}$$

と定義すると、tは自由度kのt分布に従う。

CFA®試験において実用的に重要なのは上式の分子に$\overline{X} - \mu$を置き分母に$\overline{X}$の標準偏差$\frac{s}{\sqrt{n}}$、すなわち標本平均の標準誤差（standard error）を置いたt統計量がt分布（自由度n－1）に従うことである。

$$t = \frac{\overline{X} - \mu}{\sqrt{\frac{s^2}{n}}} = \frac{\overline{X} - \mu}{\frac{s}{\sqrt{n}}}$$

大標本のときはt分布は標準正規分布とほとんど差がないため、検定は標準正規分布（z検定）で代替してもよい。すなわちt分布は小標本（サンプルサイズが30以下）のときの検定に用いると考えればよい。

7　標本に係るバイアス

標本から母集団パラメータを推測する際に注意しなければならないバイア

スは以下のとおり。

(1) **データマイニング・バイアス（data-mining bias）**

因果関係がないにもかかわらず、偶然関係があるようにみえることをいう。回帰分析ソフトを使ってある被説明変数を複数の説明変数で回帰したとする。ある変数がたまたま説明力の高いものとして選択されることがある。偶然そういう関係が抽出される場合があっても理論的に合理的な因果関係が存在するか否かアナリストが判断する必要がある。モデル作成に使った標本以外のサンプル（out-of-sample test）で検証することも必要である。

(2) **標本選択バイアス（sample-selection bias）**

サバイバーシップ・バイアス（survivorship bias）と呼ばれるものである。成長株ファンドと割安株ファンドのパフォーマンスを比較するために現在存在するファンドを用いて比較するとする。パフォーマンスが悪いファンドは消滅していき比較的パフォーマンスのよいものだけが生き残っているはずであるから、標本選択する際に無意識にこうしたバイアスがかかることになる。

(3) **ルック・アヘッド・バイアス（look-ahead bias）**

分析時点で実績データが入手困難な場合に起こるバイアス。株価／期待収益で定義されるP/E比率が高い株式と低い株式のパフォーマンスを比べたいとする。ある過去の時点からみた将来の期待収益データが入手困難であるため、時日を経過してから過去を振り返るかたちで（look back）データを収集し、過去のある時点の株価／その後12カ月の収益で計算した実績P/Eを用いて分析することがある。しかしこれは後づけのデータによるP/Eであり、調べたいはずの予想P/E（期初時点での収益予想に基づくP/E）ではない。look-aheadすべきデータをlook-backしたデータで代用するとき起こるバイアスをルック・アヘッド・バイアスと呼ぶ。

(4) **期間バイアス（time-period bias）**

データ期間に特有な現象のために引き起こされたバイアスのこと。ある期間に配当性向が大幅に低下したという現象がみられても、たまたま自己株買

収が急増した時期であったためかもしれず、株主への配分を減少させようとしたとはいえない。分析する際に、データ収集期間にファンダメンタルな構造変化がなかったかどうかの洞察が必要である。

● 演 習

Q1 あるポートフォリオマネジャーが昨年の自分の超過収益率αは2％、αの標準偏差は4％（標準偏差は既知）であったと主張している。標本として彼が運用する25の口座を調べてみると平均αは0.7％、αの標準偏差は6％であった。95％信頼区間のもとで、このマネジャーのαの母集団平均の範囲を計算せよ。

　　a　−0.9％から2.3％
　　b　−0.4％から4.4％
　　c　0.4％から3.5％

解答　a

標本平均が0.7％。標準偏差4％は既知（母集団のもの）であるから、z値を使う。95％信頼区間ではz＝1.96であるから、

$$\overline{X} \pm z_{\alpha/2} \cdot \frac{\sigma_x}{\sqrt{n}} = 0.7\% \pm 1.96 \times \frac{4\%}{\sqrt{25}} = \underline{-0.9\% \text{ to } 2.3\%}$$

Q2 母集団の平均が16。標本数は25。標本平均が15で標本の標準偏差が3であるとする。標本平均が母平均からどのくらい離れているかを検定する際のt値はいくらか。

　　a　0.67
　　b　0.33
　　c　−1.67

解答　c
標本平均 $\overline{X}=15$、母平均 $\mu=16$、標本標準偏差 $s=3$、サンプルサイズ $n=25$ であるから、

$$t=\frac{\overline{X}-\mu}{s/\sqrt{n}}=\frac{15-16}{3/\sqrt{25}}=\underline{-1.67}$$

Q 3　標本として100銘柄の株式の P/E 平均を計算したところ21であった。母集団 P/E の標準偏差が18（既知）であったとする。95％信頼区間のもとで母集団 P/E はどの範囲にあると推測されるか。
　　a　17.5から24.5
　　b　19.2から22.8
　　c　21.0から39.0

解答　a
標本数が100と大標本であるので z 値（標準正規分布）を用いる。

$$\overline{X}\pm z_{\alpha/2}\frac{\sigma_x}{\sqrt{n}}=21\pm 1.96\left(\frac{18}{\sqrt{100}}\right)=21\pm 3.5=\underline{17.5 \text{ to } 24.5}$$

Q 4　あるマネジャーが100口座あるファンドから25口座を標本として取り出して収益平均を計算したところ16％で、標本標準偏差は9％であった。母集団の標準偏差は未知である。この標本平均の標準誤差はいくらか。
　　a　0.36％
　　b　0.90％
　　c　1.80％

第10講　標本抽出と推定

> 解答　c
>
> 母集団の標準偏差が未知の場合、
>
> 標本平均の標準誤差 $S_{\bar{x}} = \dfrac{S_x}{\sqrt{n}} = \dfrac{9}{\sqrt{25}} = \underline{1.8\%}$

Q 5　母集団の標準偏差が100であるとし（既知）、標本サイズ64の標本を抽出したとする。標本平均の標準誤差はいくらか。

- a　0.08
- b　6.40
- c　12.50

> 解答　c
>
> 母集団の標準偏差が既知の場合、
>
> 標本平均の標準誤差 $\sigma_{\bar{x}} = \dfrac{\sigma_x}{\sqrt{n}} = \dfrac{100}{\sqrt{64}} = \underline{12.5}$

◆ 重要概念・重要公式まとめ ◆

- 標本抽出方法
  - 単純ランダム・サンプリング（simple random sampling）……母集団から無作為に標本を抽出する方法。
  - 系統サンプリング（systematic sampling）……母集団に通し番号をつけ、初めの1つの標本だけは乱数表などによりランダムに選び、以降は一定間隔で抽出する方法。

- ➤層別ランダム・サンプリング（stratified random sampling）……母集団を等質なグループ（層）に分け、各層から決まった割合の標本を抽出する方法。
- 推定量（estimator）
  - ➤不偏推定量（unbiased estimator）……推定量の期待値（平均値）が真のパラメータに等しければこれを不偏推定量という。
  - ➤有効推定量（efficient estimator）……最も分散が小さい推定量のこと。
  - ➤一致推定量（consistent estimator）……標本サイズが大きくなるほど真のパラメータに近づく推定量のこと。
- 中心極限定理

  いかなる分布でも、その標本平均 $\overline{X}$ は標本サイズ n が大きくなるにつれて、平均 μ_x、標準偏差 $\dfrac{\sigma_x}{\sqrt{n}}$ の正規分布に近づく（＝標本平均 $\overline{X}$ の分布は真の平均パラメータ μ_x の周りに正規分布し、n が大きくなるほど分布の幅は細長く狭まり、あるべき真の平均値周りに集中する）。

- 標準誤差（standard error）

  標本平均 $\overline{X}$ の分布の標準偏差 $\sigma_{\overline{x}}$ のこと。

- 中心極限定理のもとでの標本平均の期待値と標準誤差

  （標本平均の期待値）

  $$\mu_{\overline{x}} = \mu_x$$

  （標準偏差 σ_x が既知のときの標準誤差）

  $$\sigma_{\overline{x}} = \frac{\sigma_x}{\sqrt{n}}$$

  （標準偏差が未知の時の標準誤差）

  $$s_{\overline{x}} = \frac{s_x}{\sqrt{n}}$$

- 信頼区間と区間推定（母平均 μ_x の推定）

(母標準偏差が既知の場合、z 値)

$$\overline{X} - z_{\alpha/2} \cdot \frac{\sigma_x}{\sqrt{n}} \leq \mu_x \leq \overline{X} + z_{\alpha/2} \cdot \frac{\sigma_x}{\sqrt{n}}$$

(母標準偏差が未知で大標本の場合、z 値)

$$\overline{X} - z_{\alpha/2} \cdot \frac{S_x}{\sqrt{n}} \leq \mu_x \leq \overline{X} + z_{\alpha/2} \cdot \frac{S_x}{\sqrt{n}}$$

(母標準偏差が未知で小標本の場合、n≤30、t 値)

$$\overline{X} - t_{\alpha/2, n-1} \cdot \frac{S_x}{\sqrt{n}} \leq \mu_x \leq \overline{X} + t_{\alpha/2, n-1} \cdot \frac{S_x}{\sqrt{n}}$$

- t 分布の特徴
  - t 分布は標準正規分布と同じ左右対称の鐘型の形状（平均 $\mu = 0$ という点も同じ）。
  - 自由度が小さいときは裾が重い。
  - 自由度が大きくなるほど正規分布に近づく。
  - 自由度が30以上になればほとんど正規分布と区別がつかない。
- t 分布に従うデータの検定統計量 t 値（t 分布の自由度は n−1）

$$t = \frac{\overline{X} - \mu}{\frac{s}{\sqrt{n}}}$$

- バイアス
  - データマイニング・バイアス（data-mining bias）……原因結果という関係がないにもかかわらず、偶然関係があるようにみえること。
  - 標本選択バイアス（sample-selection bias）……生き残っている標本だけを取り出すことによるバイアス。サバイバーシップ・バイアス（survivorship bias）ともいう。
  - ルック・アヘッド・バイアス（look-ahead bias）……分析時点で実績データが入手困難な場合、起こるバイアス。look-ahead すべきデータを look-back したデータで代用するときに起こる。

> 期間バイアス（time-period bias）……データをとった期間に特有な現象のために引き起こされたバイアスのこと。

第11講

仮説検定

この講のポイント

- 仮説検定の手順を説明できるか
- 帰無仮説、対立仮説とは何か
- 片側検定と両側検定の選択はどう行うか
- 検定統計量とは何か
- 母集団が正規分布するとして、標本の平均値を検定する際に分散が既知の場合と未知の場合で正しく検定統計量の選択ができるか
- TypeⅠエラー、TypeⅡエラーとは何か
- 信頼区間と仮説検定の関係を説明せよ
- 仮説検定における棄却ルールはどういうものか
- 統計的な分析と経済的な分析の差異は何か

1 仮説検定

仮説検定（hypothesis testing）とは対立仮説（alternative hypothesis, H_1：$b \neq 0$）を証明するために、これと相反する帰無仮説（null hypothesis, H_0：$b=0$）を立て、H_0がありえないことを証明することで（①②）H_1を間接的に証明しようとする（③）背理法である。

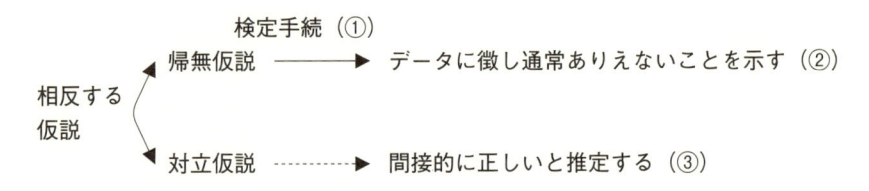

```
                    検定手続（①）
          ┌→ 帰無仮説 ─────→ データに徴し通常ありえないことを示す（②）
相反する  │
仮説      │
          └→ 対立仮説 ········→ 間接的に正しいと推定する（③）
```

(1) 仮説設定

「ポートフォリオのリターンがゼロでない」ということを統計的に検証したい。このとき、仮説は次のように設定する。

　　帰無仮説 H_0：$b=0$

　　対立仮説 H_1：$b \neq 0$

帰無仮説を棄却（否定）することで対立仮説（主張したい仮説）を間接的に証明するのである。

(2) 検定方法の選択

母平均の検定の場合には z 検定（標準正規分布）か t 検定（t 分布）を用いる。証明しようとするデータが正規分布しているか t 分布しているという前提で議論を進めるのである。

(3) 有意水準の決定

ある仮定を設定したとき、めったに起こらない事象が起こる確率を有意水準という。有意水準は5％に設定することが多い（すなわち「20回に1回しか起こらない事象はめったに起こらないこと」とする常識的な判断）。逆に偶然も含めて通常起こりうる確率の範囲を信頼区間（Confidence Interval、5％有意水準に対応する95％信頼区間）と呼ぶ。信頼区間と有意水準は有意水準（5％）＝1－信頼区間（95％）の関係にある。仮説検定では「めったに起こらないほどデータに基づく検定値（z 値、t 値）が大きい（臨界値として設定した値に比べ中心値から異常に離れている）」ことを「統計的に有意である（statistically significant）」という言い方をする。

(4) 棄却域の設定

仮定する母平均と標本平均の差（誤差）が正規分布に従う場合、その誤差

がゼロを中心に標準誤差の±1.96倍以内の範囲に入っていれば95％の範囲で通常ありうると判断できる。逆に、この範囲外にあれば（両側5％有意水準の棄却域に入っていれば）、通常ありえない誤差ということになる。95％信頼区間両側検定の場合、標準誤差の1.96倍を超える領域を棄却域と称している。

(5) **検定統計量の計算**

観測データ250個から計算した標本平均リターンが0.001（0.1％）であり、標本リターンの標準偏差が0.0025（0.25％）である場合、標準誤差（標準偏差1に相当する誤差）は

$$\sigma_{\bar{X}} = \frac{\sigma}{\sqrt{n}} = \frac{0.25\%}{\sqrt{250}} = 0.0158\%$$

標本の平均リターンは0.001（0.1％）。これに対し帰無仮説での平均リターンは0であるから、誤差は0.1％－0％＝0.1％となる。この誤差が大きすぎるか否かを判断するために標準誤差と比較するのである。

$$z = \frac{標本リターン － 帰無仮説リターン}{標準誤差} = \frac{(\bar{X} - \mu)}{(\sigma/\sqrt{n})}$$

$$= \frac{(0.1\% - 0\%)}{0.0158\%} = 6.33$$

このz値を検定統計量と呼ぶ。

(6) **棄却判断**

本件では検定統計量は6.33であった。すなわち、標本平均から帰無仮説平均を差し引いた誤差が（許容範囲の目安である）標準誤差の6.33倍となった。これは異常に大きい誤差であり（1.96倍を大きく超える）、通常ありえないケースである。このようなありえないケースとなった理由は帰無仮説 H_0：b＝0にそもそも無理があったためと考える。すなわち検定結果は「統計上有意である（b＝0％という帰無仮説を前提とすれば標本の平均0.1％は異常値である）」と判断され帰無仮説が棄却（reject）される（図表11－1）。

第11講　仮説検定

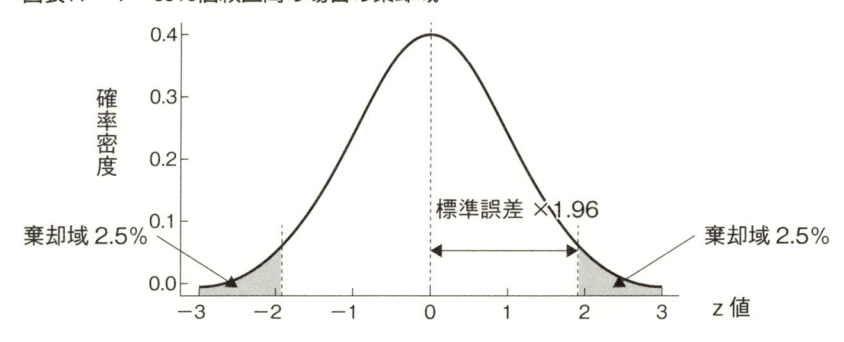

図表11-1　95％信頼区間の場合の棄却域

（7）　**対立仮説の採択**

めでたく帰無仮説が棄却（否定）されたので、当初から証明したかった対立仮説（$H_1: b \neq 0$）が採択（推定）されることになる。すなわち「ポートフォリオのリターンはゼロではない」ことが間接的に証明された。

（8）　**経済的見地からの決定**

統計的な棄却・採択判断が最終的に正しい判断とは必ずしもいえない場合があることには注意を要する。

① 「帰無仮説を棄却できない」場合、必ずしも「帰無仮説を積極的に採択する」ことにはならないこと。

② 仮説を検定する際、統計的な検定手続をクリアしていくことは必要だが、経済的な論理性・因果関係が必要であること。単なる偶然である可能性（data mining, data snooping）、期間バイアス等バイアスが介在している可能性には注意しなければならないこと。

③ 帰無仮説を棄却した場合でもType Ⅰエラーの可能性があり、反対に採択した場合にはType Ⅱのエラーの可能性が残ること（Type Ⅰエラー、Type Ⅱのエラーについては後述）。

図表11-2参照。

図表11－2　仮説検定の流れ

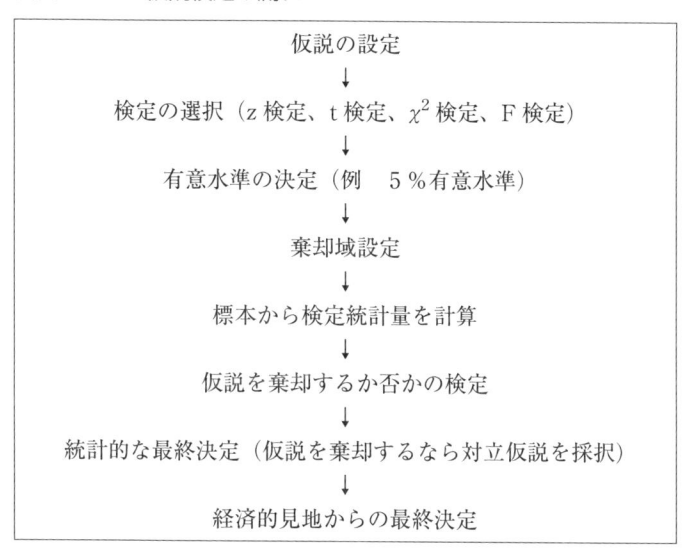

```
仮説の設定
↓
検定の選択（z検定、t検定、χ²検定、F検定）
↓
有意水準の決定（例　5％有意水準）
↓
棄却域設定
↓
標本から検定統計量を計算
↓
仮説を棄却するか否かの検定
↓
統計的な最終決定（仮説を棄却するなら対立仮説を採択）
↓
経済的見地からの最終決定
```

2　片側検定（One-Tailed Test）と両側検定（Two-Tailed Test）

片側検定においては帰無仮説は「母集団パラメータが特定の値より大きい（あるいは小さい）」という設定をするが、両側検定の場合、帰無仮説は「母集団パラメータがある特定の値である」という設定をする（図表11－3）。

図表11－3　仮説の設定

両側検定	片側検定
$H_0 : \mu_X = \mu_0$ $H_1 : \mu_X \neq \mu_0$	$H_0 : \mu_X \geq \mu_0$ $H_1 : \mu_X < \mu_0$ or $H_0 : \mu_X \leq \mu_0$ $H_1 : \mu_X > \mu_0$

図表11-4 母集団が正規分布の場合の検定の選択

仮説検定のタイプ Type of Hypothesis Test	適切な検定統計量 Appropriate Test Statistic
母集団平均が特定の値か。	t 検定*
2つの独立した母集団平均が等しいか。	t 検定*
2つのペアになった母集団平均が等しいか。	t 検定*
母集団分散が特定の値か。	χ^2 検定
2つの母集団の分散が等しいか。	F 検定

（＊） 母集団の標準偏差が既知の場合、z検定（標準正規分布）による。
標本サイズが大きい場合（標本30以上）にはz検定を使ってもよい。

3　z検定かt検定か

「平均」を検定する際、標本数が多いとき（目安は30以上）の場合には標本平均と仮説上の母平均の誤差が正規分布するとしてz検定を行い、それより標本が少ない場合には誤差がt分布に従うとしてt検定を行う（もちろん誤差が正規分布することが判明していればz検定を用いてよい）。

$$z = \frac{(\overline{X} - \mu)}{(S_X/\sqrt{n})} = \frac{標本平均 - 帰無仮説上の平均}{標準誤差}, \quad t = \frac{(\overline{X} - \mu)}{(S_X/\sqrt{n})}$$

t分布を選ぶ際の自由度（degree of freedom, df）は標本数から1を引いた（n－1）とする（自由度とは自由に動ける変数の数という意味である。どうしてnではないのか少し不思議な感じがするが、ここではロールケーキを6つに切り分けるときナイフを入れる箇所は5つであることと一緒と理解しておく）。

また、母分散と標本分散が等しいか否かの検定にはχ^2検定を行い、2つの母集団の分散が等しいかどうかはF検定を行う（後述）（図表11－4）。

4　仮説検定における2種類のエラー

仮説検定は統計的な確率を用いて主張したい仮説（対立仮説）を証明するが、この検定判断にも誤りが生じうる。帰無仮説が正しいにもかかわらずこ

れを棄却してしまう場合（Type Iのエラー）と、帰無仮説が誤っているにもかかわらずそれを採択してしまう誤り（Type IIのエラー）の2つである。有意水準を小さくすると（とんでもなく異常な値のみを棄却することにすると）Type Iのエラーは少なくなるが、そのかわりに Type II のエラーを犯す確率がふえることになる（図表11－5）。

2つのエラーを図示すれば図表11－6のとおり（両側検定の場合）。帰無仮説分布 A が正しいという前提で、棄却する可能性は $\alpha_1+\alpha_2$（棄却域）であるから、$\alpha_1+\alpha_2$ が Type I エラーの領域を示す。

図表11－5　Type I エラーと Type II エラー

	仮説 H_0 が真 （仮説 H_1 が偽）	仮説 H_0 が偽 （仮説 H_1 が真）
仮説 H_0 を採択	正しい判定	Type II エラー
仮説 H_0 を棄却	Type I エラー	正しい判定

(注)　(真 true の仮説を棄却 reject する誤りが Type I だから、"I reject true" と覚える)。

図表11－6　Type I エラー（α）と Type II エラー（γ）の図示

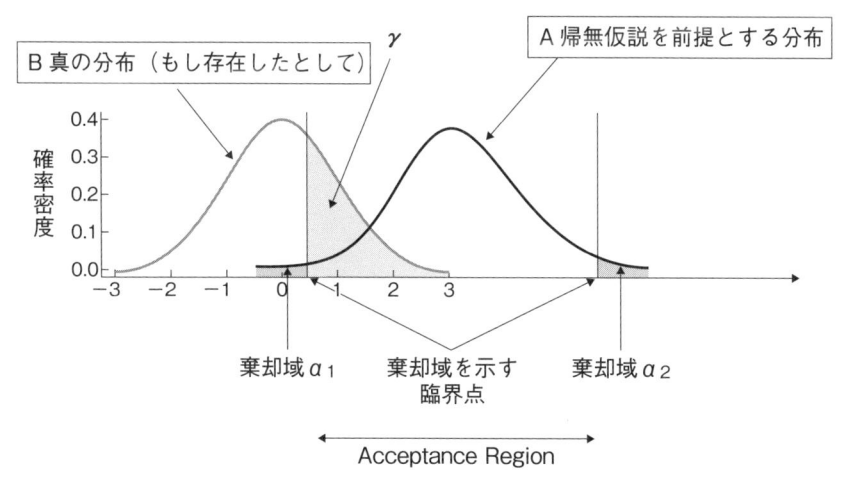

[図：B 真の分布（もし存在したとして）と A 帰無仮説を前提とする分布の2つの確率密度曲線。横軸は−3から3以上、縦軸は確率密度0.0〜0.4。棄却域 α_1、棄却域を示す臨界点、棄却域 α_2、Acceptance Region が示されている。]

第11講　仮説検定

他方、もし真の分布が帰無仮説とは別のところにあるとすれば（真の分布Bを前提とすれば）、誤った仮説を受け入れてしまう（acceptance region に入ってしまう）可能性は γ で示される領域であるから、γ が Type II エラーの領域を示している。

棄却域 critical region（有意水準、significance level）は通常5％ないし10％と設定することが多い。有意水準を小さくすればするほど Type I のエラーは少なくなるが、かえって Type II のエラーの可能性は高まる。$1-\gamma$ で示される確率を検出力（The power of the test）と呼んでいる。

● 演 習

Q1 年金運用を任せるためにA、B 2人のファンドマネジャーのデータ比較を行っている。次の点をチェックしたい。

① 2人のポートフォリオマネジャーの収益率が有意に異なる（significantly different）。

② 2人のポートフォリオマネジャーのリスクレベルが有意に異なる。

仮説検定は5％有意水準で行うとする。2人のマネジャーの実績データは次のとおり。

	A	B
平均収益率	21%	18%
過去収益率の標準偏差	15%	5%

採択範囲（acceptance range）は下記のとおり。

t_{min}	t_{max}
-2.23	$+2.23$
F_{min}	F_{max}
0	$+2.98$

2人の収益率の差がゼロだとする帰無仮説のもとでの t 値は
$t_{calc} = +0.89$

2人の標準偏差の差がゼロだとする帰無仮説のもとでのF値は

$F_{calc}=+9.0$

正しい選択肢はどれか。

	$H_0: \mu_A - \mu_B = 0$	$H_0: \sigma_A - \sigma_B = 0$
a	棄却できない	棄却できない
b	棄却できない	棄却する
c	棄却する	棄却できない

> **解答　b**
>
> 平均収益率に関するt値（+0.89）は採択範囲（acceptance range、-2.23から+2.23）にあり、帰無仮説を棄却できない。
>
> F値（+9.0）は採択範囲の外側にあるため帰無仮説を棄却できる。

Q2 正規分布する母集団の母分散が未知の場合、標本数が少なければ平均値の検定を行うためにどの検定を行うべきか。

a　χ^2検定

b　z検定

c　t検定

> **解答　c**
>
> 母分散が未知で、小標本（30未満）のときの平均値の検定にはt検定を用いる。

Q3 投資信託会社A社は自社が運用するポートフォリオのアルファ（超過収益率）が平均して8％以上であるとマーケティング上主張している。アナリストは8％未満ではないかと疑っている。アナリストが集めたデータは

次のとおり。

標本サイズ	101
標本平均	＋6.8％
標本標準偏差	10％
t検定 臨界値（10％有意水準）	－1.29

上記データに基づき、アナリストの主張に沿った帰無仮説を設定し、90％信頼係数に基づく結論を述べよ。

a 帰無仮説は $\mu_0 \geq 8\%$、帰無仮説は棄却
b 帰無仮説は $\mu_0 \leq 8\%$、帰無仮説は棄却
c 帰無仮説は $\mu_0 \geq 8\%$、帰無仮説は棄却できず

解答　c

通常、証明したい結論を対立仮説として設定する。ここではアルファが8％未満であることを主張したいので、帰無仮説は8％以上ということになる。

$H_0 : \mu_0 \geq 8\%$

$H_1 : \mu_0 < 8\%$

90％信頼区間での検定であり（10％有意水準）、自由度は101－1＝100。片側検定での臨界値 －1.29（自由度100、10％有意水準）を使って棄却できるかどうかを検定する。

$$t_{calc} = \frac{\overline{X} - \mu_0}{S_{\overline{X}}} = \frac{6.8 - 8}{10/\sqrt{101}} = \frac{6.8 - 8}{0.99504} = -1.21$$

t値 －1.21は臨界値 －1.29の内側（acceptance region）であるため、帰無仮説を棄却できない。すなわち、「アルファが8.0％以上である」という帰無仮説を棄却できないという結論になる。

Q4 仮説検定（hypothesis test）の有意水準（level of significance）が大きく

なると、どうなるか。
   a　t 検定の臨界値（絶対値）が大きくなる
   b　t 検定の臨界値（絶対値）が小さくなる
   c　t 検定量が大きくなる

> 解答　b
> 有意水準が大きくなれば、信頼区間は小さくなる（より内側に）。
> すなわち臨界値（絶対値）は小さくなる。

Q5　5％有意水準のもとで、それが真実であるにもかかわらず帰無仮説を棄却するエラーを何と呼ぶか。
   a　Type I エラー
   b　Type II エラー
   c　サンプリング・バイアス

> 解答　a
> 真実である帰無仮説を棄却するエラーは Type I エラー。

◆ 重要概念・重要公式まとめ ◆

- 帰無仮説（Null hypothesis）
  対立仮説と相反する内容の仮説のこと。対立仮説を証明する目的で立てる。帰無仮説がありえないと証明することで仮説検定は進められる。
- 対立仮説（Alternative hypothesis）

仮説検定において主張したい仮説
- 仮説検定の手順

$$仮説の設定$$
$$\downarrow$$
$$検定の選択（z検定、t検定、\chi^2検定、F検定）$$
$$\downarrow$$
$$有意水準の決定（例　5％有意水準）$$
$$\downarrow$$
$$棄却域設定$$
$$\downarrow$$
$$標本から検定統計量を計算$$
$$\downarrow$$
$$帰無仮説を棄却するか否かの検定$$
$$\downarrow$$
$$統計的な最終決定（帰無仮説を棄却するなら対立仮説を採択）$$
$$\downarrow$$
$$経済的見地からの最終決定$$

- 片側検定（One-Tailed Test）と両側検定（Two-Tailed Test）

両側検定	片側検定
$H_0：\mu_X = \mu_0$	$H_0：\mu_X \geq \mu_0$
$H_1：\mu_X \neq \mu_0$	$H_1：\mu_X < \mu_0$
	or
	$H_0：\mu_X \leq \mu_0$
	$H_1：\mu_X > \mu_0$

- 検定統計量

仮説の棄却／採択を判断するために計算される値。

平均リターンが帰無仮説上のリターンと同じかどうかを検定する場合の検定統計量（例　z値）は次の式による。

$$z = \frac{\text{標本平均} - \text{帰無仮説上の平均}}{\text{標準誤差}} = \frac{(\overline{X} - \mu)}{(S_x/\sqrt{n})}$$

● 検定の選択（母集団が正規分布の場合）

仮説検定のタイプ Type of Hypothesis Test	適切な検定統計量 Appropriate Test Statistic
母集団平均が特定の値か。	t 検定*
2つの独立した母集団平均が等しいか。	t 検定*
2つのペアになった母集団平均が等しいか。	t 検定*
母集団分散が特定の値か。	χ^2 検定
2つの母集団の分散が等しいか。	F 検定

（＊） 母集団の標準偏差が既知の場合、z 検定（標準正規分布）による。
標本サイズが大きい場合（標本30以上）には z 検定を使ってもよい。

● Type I エラーと Type II エラー

	仮説 H_0 が真 （仮説 H_1 が偽）	仮説 H_0 が偽 （仮説 H_1 が真）
仮説 H_0 を採択	正しい判定	Type II エラー
仮説 H_0 を棄却	Type I エラー	正しい判定

(注) 真の仮説を棄却する誤りが Type I だから、"I reject true" と覚える。

● 仮説検定における棄却ルール

検定統計量が帰無仮説の信頼区間の外側→帰無仮説を棄却

検定統計量が帰無仮説の信頼区間の内側→帰無仮説を棄却せず

(注) 信頼区間＝1－有意水準

● 統計的分析と経済的分析

統計的分析結果イコール結論ではない。

➢ 帰無仮説を棄却できない＝採択できる、とは必ずしもいえない。

➢ 経済的論理性が必要。

➢ Data mining に注意。

第11講 仮説検定 155

第12講

平均の差の検定

この講のポイント

- 2つの正規分布する母集団の平均が等しいかどうかの検定ができるか（分散が等しい場合、分散が等しくない場合）
- ペアになった標本の差を検定できるか（差の平均値の検定）

1 母集団の平均が等しいかどうかを検定するための t 検定

2つの母集団（population）から各々標本（sample）をとり、平均（mean）を算出したとする。その標本平均が異なったとしても、2つの母集団の平均が異なるとは断定できない。この標本平均自体が確率分布するためである。ここでも仮説検定を用いる。仮説としては

$H_0 : \mu_1 = \mu_2$

$H_1 : \mu_1 \neq \mu_2$

を設定し、仮説 H_0 が棄却されるかどうかを検定するわけである。

さて、この場合に、2つの標本からとった平均がどういう確率分布をするか。

標本平均の差 $\overline{X}_1 - \overline{X}_2$ の確率分布については次のことがわかっている。

(1) **平均の差の検定（母集団分散が異なると推定されるとき）**

$\overline{X}_1$、$\overline{X}_2$ をそれぞれ平均が μ_1、μ_2 の母集団から抽出された無作為標本の

標本平均とする（標本数は各々 n_1、n_2）。標本の分散（variance）は s_1^2, s_2^2 である。このとき n_1, n_2 が十分に大きければ2標本の差は次のように近似的にt分布する。

$$\overline{X}_1 - \overline{X}_2 \sim t \text{分布}\left(\text{平均}\ \mu_1 - \mu_2,\ \text{分散}\ \frac{s_1^2}{n_1} + \frac{s_2^2}{n_2}\right)$$

すなわち、$\overline{X}_1 - \overline{X}_2$ という数値そのものが平均 $(\mu_1 - \mu_2)$、分散 $\left(\frac{s_1^2}{n_1} + \frac{s_2^2}{n_2}\right)$ というt分布をするのである。この結果、以下のt値が統計上有意であるかどうかを検定することになる。

仮説検定を行う際の仮説は以下のように設定し、両側検定を行う。

　$H_0 : \mu_1 - \mu_2 = 0$
　$H_1 : \mu_1 - \mu_2 \neq 0$

検定統計量t値は次のように計算する。

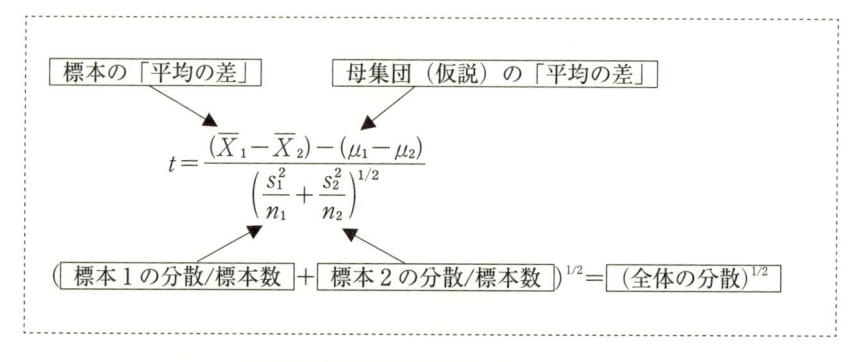

$$t = \frac{(\overline{X}_1 - \overline{X}_2) - (\mu_1 - \mu_2)}{\left(\dfrac{s_1^2}{n_1} + \dfrac{s_2^2}{n_2}\right)^{1/2}}$$

標本の「平均の差」 ← $(\overline{X}_1 - \overline{X}_2)$
母集団（仮説）の「平均の差」 ← $(\mu_1 - \mu_2)$

（標本1の分散/標本数 ＋ 標本2の分散/標本数）$^{1/2}$ ＝（全体の分散）$^{1/2}$

(注) 本件公式が他のt検定統計量と同様、基本的に、

$$t = \frac{(\overline{X} - \mu)}{(\sigma/\sqrt{n})} = \frac{(\overline{X} - \mu)}{(\sigma^2/n)^{1/2}} = \frac{(\text{標本平均} - \text{仮説上の母集団平均})}{\sqrt{\text{分散/標本数}}}$$

というかたちになっている点に注意。

標本平均 $(\overline{X}_1 - \overline{X}_2)$、平均 $(\mu_1 - \mu_2)$、分散 $\left(\dfrac{s_1^2}{n_1} + \dfrac{s_2^2}{n_2}\right)$ をそれぞれ1つのかたまりとして把握すると、この複雑な公式も理解しやすい。

また、分母のカッコのなかの新たな分散が各分散/標本数の合計になっている

点にも注意。

次に自由度であるが、

$$自由度 df = \frac{\left(\dfrac{s_1^2}{n_1} + \dfrac{s_2^2}{n_2}\right)^2}{\dfrac{\left(\dfrac{s_1^2}{n_1}\right)^2}{n_1} + \dfrac{\left(\dfrac{s_2^2}{n_2}\right)^2}{n_2}}$$

さすがにこの式は覚えられないが、実際の自由度はそれほど常識外れのむずかしい数字にはならない。たとえば、分散 $s_1^2 = 5^2$、$s_2^2 = 6^2$、サンプル数 $n_1 = 25$、$n_2 = 36$ とすると自由度 df は、

$$df = \frac{\left(\dfrac{5^2}{25} + \dfrac{6^2}{36}\right)^2}{\dfrac{\left(\dfrac{5^2}{25}\right)^2}{25} + \dfrac{\left(\dfrac{6^2}{36}\right)^2}{36}} = \frac{(1+1)^2}{\dfrac{(1)^2}{25} + \dfrac{(1)^2}{36}} = 59.01$$

（結果的に $df = n_1 + n_2 - 2 = 25 + 36 - 2 = 59$ とほぼ同じ値になっている！）

(2) 平均の差の検定（母集団分散が等しいと推定されるとき）

母集団分散が等しいと推定されるときには次の t 検定を行う。

仮説検定を行う際の仮説は母集団分散が異なるときと同じで、ここでも両側検定を行う。

$H_0 : \mu_1 - \mu_2 = 0$

$H_1 : \mu_1 - \mu_2 \neq 0$

検定統計量 t 値は次のように計算する。分母が前述とは異なる点に注意。

$$t = \frac{(\overline{X}_1 - \overline{X}_2) - (\mu_1 - \mu_2)}{\left(\dfrac{s_p^2}{n_1} + \dfrac{s_p^2}{n_2}\right)^{1/2}}$$

（この式は上記式の s_1^2、s_2^2 を s_p^2 に置き換えたもの）

ここで s_p^2 は2つの分散から合成された共通の分散で

$$s_p^2 = \frac{(n_1-1)s_1^2 + (n_2-1)s_2^2}{n_1+n_2-2}$$

もしこれが $s_p^2 = \dfrac{N_1 s_1^2 + N_2 s_2^2}{N_1 + N_2}$ というかたちなら s_1^2、s_2^2 という標本分散を N_1、N_2 でウェイトづけして加重平均したものと理解できる。ここで $N_1 = n_1 - 1$、$N_2 = n_2 - 1$ と置くと上記合成分散の式になる。

本件での自由度は比較的やさしく、

$$df = n_1 + n_2 - 2$$

> **例題** A、B 2人のファンドマネジャーの運用成績が変わりないものか、あるいはBのほうが優れているのかを調べたい。ここではA、B母集団の標準偏差は等しいとする。
>
> | | A | B |
> |---|---|---|
> | 10年間平均収益率 | 12% | 17% |
> | 収益の標準偏差 | 20% | 22% |

解答

母集団分散が等しい場合の平均の差の検定を行う。

仮説設定は以下のとおり。

$H_0 : \mu_1 - \mu_2 = 0$

$H_1 : \mu_1 - \mu_2 \neq 0$

各標本サイズは、10年間のデータから取ったものだから10。よって自由度

は、

$$df = n_1 + n_2 - 2 = 10 + 10 - 2 = 18$$

2標本をプールした分散 s_p^2 は、自由度でウェイトづけして、

$$s_p^2 = \frac{(n_1-1)s_1^2 + (n_2-1)s_2^2}{n_1+n_2-2} = \frac{(10-1)(20)^2 + (10-1)(22)^2}{10+10-2} = 442$$

母分散が等しい場合、検定統計量 t 値は次のとおり。

$$t_{calc} = \frac{(\overline{X}_1 - \overline{X}_2) - (\mu_1 - \mu_2)}{\left(\frac{s_p^2}{n_1} + \frac{s_p^2}{n_2}\right)^{1/2}} = \frac{(12-17) - (0)}{\sqrt{\frac{442}{10} + \frac{442}{10}}} = -0.53$$

t 検定における臨界値は、自由度18、有意水準5％での両側検定ゆえ、（自由度18の t 検定、片側検定表から p=0.025 の値を拾う）

$$t_{critical} = t_{\alpha/2, \, d\,of\,f} = t_{0.025, 18} = 2.101$$

よって、両側検定の acceptance range は −2.101 から ＋2.101 まで。

検定統計量−0.53は acceptance range の範囲内であるから、帰無仮説を棄却できない。

5％有意水準のもとでは「2人のマネジャーの収益率平均が異なるとは断言できない」ということになる。

2　ペアになった標本の差のt検定

ペアになった標本の差の平均が0でないことを証明しようとするときには、差に関して仮説を次のように設定し、標本から t 値を求めて検定を行う。

$H_0 : \mu_d = \mu_0$ （たとえば $\mu_0 = 0$）

$H_1 : \mu_d \neq \mu_0$

検定統計量は次式によって計算され、t 値が臨界値より大きければ（おおざっぱな目安としては2以上であれば）標本と仮説との差は統計上有意であり仮説 $H_0(\mu_d = 0)$ は棄却される。

$$t_{calc} = \frac{\overline{d} - \mu_d}{\frac{s_d}{\sqrt{n}}} \quad \leftarrow 標準誤差 \qquad df = n-1$$

$\overline{d}$：ペアになった標本の差の平均値（sample mean difference）

s_d：「標本の差」の標準偏差

n：標本ペアの数

μ_d：仮説上のペアになった母集団の差の平均値

例題 ファンドマネジャーが、自身の収益率は平均してS&P500を年率3％上回っているとしている。これが本当かどうか調べることにした。

標本データを100個収集し、各々を対応するS&P500収益率と比較した。その結果、差の平均は2.4％であった。差の標準偏差は4.0％である。このファンドマネジャーの主張は正しいか。

解答

標本ペアの差のt検定である。

仮説設定は下記のとおり。

H_0：$\mu_d = 3\%$

H_1：$\mu_d \neq 3\%$

自由度は、

$df = n - 1 = 100 - 1 = 99$

標準誤差は、

$$s_{\overline{d}} = \frac{s_d}{\sqrt{n}} = \frac{4\%}{\sqrt{100}} = 0.4\%$$

検定統計量t値は、

$$t = \frac{\overline{d} - \mu_0}{\frac{s_d}{\sqrt{n}}} = \frac{2.4\% - 3.0\%}{0.4\%} = -1.5$$

t 分布における臨界値は、

$t_{critical} = t_{\alpha/2, n-1} = t_{0.025, 99} \cong 2.0$ （正確には 1.984）

両側検定の acceptance range は -2 から $+2$ である。

検定統計量 t 値-1.5が acceptance range（$-2 \sim +2$）の内側であるから、帰無仮説は棄却できない。

「S&P 収益率との差が 3％ある」という主張を棄却することはできない。

◆ 重要概念・重要公式まとめ ◆

- 平均の差の t 検定（母集団分散が異なると推定されるとき）
  - ▶仮説設定

    $H_0 : \mu_1 - \mu_2 = 0$

    $H_1 : \mu_1 - \mu_2 \neq 0$

  - ▶検定統計量 t 値

    $$t = \frac{(\overline{X}_1 - \overline{X}_2) - (\mu_1 - \mu_2)}{\left(\frac{s_1^2}{n_1} + \frac{s_2^2}{n_2}\right)^{1/2}}$$

  - ▶自由度

    $$df = \frac{\left(\frac{s_1^2}{n_1} + \frac{s_2^2}{n_2}\right)^2}{\frac{\left(\frac{s_1^2}{n_1}\right)^2}{n_1} + \frac{\left(\frac{s_2^2}{n_2}\right)^2}{n_2}}$$

- 平均の差の t 検定（母集団分散が等しいと推定されるとき）
  - ▶仮説設定

第12講 平均の差の検定

$H_0: \mu_1 - \mu_2 = 0$

$H_1: \mu_1 - \mu_2 \neq 0$

➤検定統計量 t 値

$$t = \frac{(\overline{X}_1 - \overline{X}_2) - (\mu_1 - \mu_2)}{\left(\frac{s_p^2}{n_1} + \frac{s_p^2}{n_2}\right)^{1/2}}$$

➤2 集団をプールした分散

$$s_p^2 = \frac{(n_1 - 1)s_1^2 + (n_2 - 1)s_2^2}{n_1 + n_2 - 2}$$

➤自由度

$$df = n_1 + n_2 - 2$$

- ペアになった標本の差の t 検定

➤仮説

$H_0: \mu_d = \mu_0$

$H_1: \mu_d \neq \mu_0$

➤検定統計量 t 値

$$t = \frac{\overline{d} - \mu_d}{\frac{s_d}{\sqrt{n}}}$$

➤自由度

$$df = n - 1$$

第 13 講

分散の検定
〔χ^2（カイ二乗）検定〕

この講のポイント

- 母集団が正規分布するときに標本分散が仮説上の分散と等しいかどうかをどうやって検定するか（カイ二乗検定）

1 　χ^2（カイ二乗）検定 (Chi-square testing)

標本の分散 S^2 が仮説上の分散 σ_0^2 と等しいかどうかを検定する（等しくないことを証明する）には χ^2（カイ二乗）検定 (chi-square testing) を行う。

χ^2 検定での仮説設定は、
　　$H_0 : S^2 = \sigma_0^2$
　　$H_1 : S^2 \neq \sigma_0^2$
検定統計量たる χ^2 値は、
　　$\chi^2 = \dfrac{(n-1)s^2}{\sigma_0^2}$

こういう検定が成立するのは、標本 $X_1, \cdots, X_n$ が正規分布するときに母集団の標準偏差が σ、標本の標準偏差を S、標本サイズを n とすると

$\dfrac{(n-1)S^2}{\sigma^2}$ が自由度 m＝n−1 の χ^2 という独特の分布をするからである（この分布は結果論ながら平均が m で分散が 2 m という分布となっている）。

2　χ^2 分布

そもそも χ^2 分布とは、互いに独立な n 個の確率変数 $z_1, z_2, \cdots, z_n$ が標準正規分布に従うとき平方和たる確率変数 $X = z_1^2 + z_2^2 + \cdots + z_n^2$ が自由度 n の χ^2 分布という独特の分布に従う、というところからきている。

$X_1, X_2, \cdots, X_n$ という確率変数が正規分布に従うとする。このとき $X_1, \cdots, X_n$ を標準化すれば、標準正規分布する確率変数の平方和が自由度 n の χ^2 分布に従う。

よって、$\sum_{i=1}^{n}\left(\dfrac{X_i - \mu}{\sigma}\right)^2$ は自由度 n の χ^2 分布に従う。μ が未知なのでこれを標本平均 $\overline{X}$ で代用した $\sum_{i=1}^{n}\left(\dfrac{X_i - \overline{X}}{\sigma}\right)^2$ は自由度が 1 つ減って、自由度 n−1 の

図表13−1　χ^2 分布の定義イメージ図

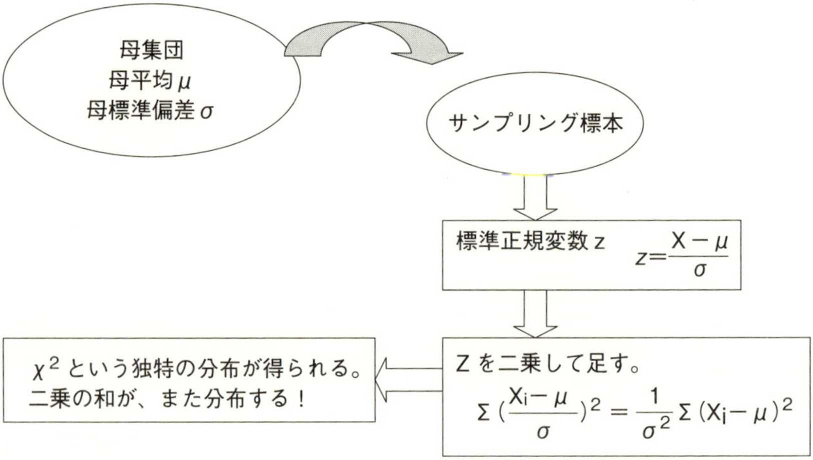

```
┌─────────────────┐
│    母集団        │ ──→ ┌─────────────┐
│   母平均 μ       │     │ サンプリング標本 │
│  母標準偏差 σ    │     └─────────────┘
└─────────────────┘              │
                                  ↓
                        ┌──────────────────┐
                        │ 標準正規変数 z    │
                        │   z = (X−μ)/σ    │
                        └──────────────────┘
                                  │
┌──────────────────────┐         ↓
│ $\chi^2$ という独特の │  ┌──────────────────────────────┐
│ 分布が得られる。      │←─│ Z を二乗して足す。            │
│ 二乗の和が、また分布   │  │ $\sum(\frac{X_i-\mu}{\sigma})^2 = \frac{1}{\sigma^2}\sum(X_i-\mu)^2$ │
│ する！                │  └──────────────────────────────┘
└──────────────────────┘
```

χ^2 分布に従う（ただし $\overline{X} = \frac{1}{n}\sum_{i=1}^{n}X_i$）。

そもそも標本分散は $S^2 = \frac{1}{n-1}\sum_{i=1}^{n}(X_i - \overline{X})^2$ であったから、これを変形して、標準化した偏差平方和は、

$$\sum_{i=1}^{n}\left(\frac{X_i - \overline{X}}{\sigma}\right)^2 = \frac{(n-1)S^2}{\sigma^2}$$

この値が χ^2 分布という特殊な分布に従うというのである（上記式が χ^2 検定における検定統計量になる）。

この χ^2 分布を使って分散の検定（ひいては標準偏差の検定）ができる。

例題を使って説明する。

> **例題** サンプルとして24カ月の月間収益率の標準偏差をとったところ3.8％となった。月間収益率の標準偏差が4.0％ではないと言い切れるか。

解答

（仮説設定）

帰無仮説として月間収益率の分散が $(4\%)^2$ or 0.0016 であると設定する。

$H_0 : \sigma^2 = 0.0016$

$H_1 : \sigma^2 \neq 0.0016$

（臨界値）

ここでは有意水準5％の両側検定（棄却域は両側それぞれ2.5％ずつ）を行う。自由度23（＝24－1）の χ^2 表（図表13－2）から確率97.5％と確率2.5％の数値を拾うとそれぞれ11.689、38.076。この2つの臨界値の間に χ^2 値が入らず分布図の両側に大きく外れればサンプルから計算した分散は帰無仮説（H_0）から十分「有意に」乖離しており、帰無仮説は棄却されることになる。

図表13−2　χ^2分布表

Degree of freedom	Probability in right tail	
	0.975 ……	0.025
22	10.982	36.781
23	11.689	38.076
24	12.401	39.364

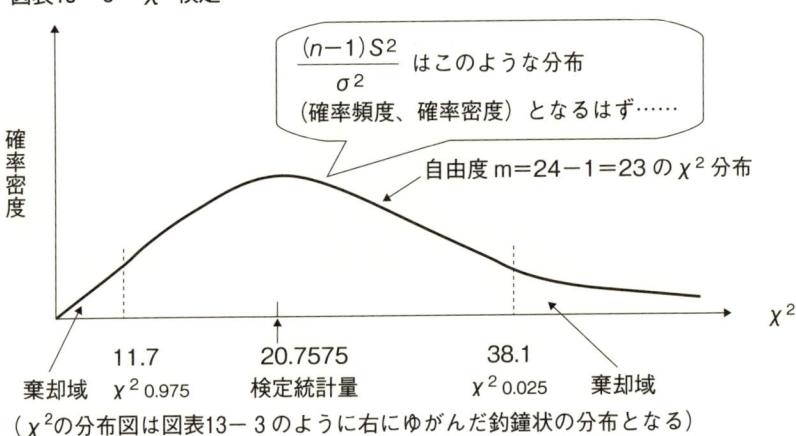

図表13−3　χ^2検定

$\dfrac{(n-1)S^2}{\sigma^2}$ はこのような分布（確率頻度、確率密度）となるはず……

自由度 m＝24−1＝23 の χ^2 分布

確率密度

11.7　　　　20.7575　　　　38.1
棄却域　$\chi^2{}_{0.975}$　検定統計量　$\chi^2{}_{0.025}$　棄却域

（χ^2の分布図は図表13−3のように右にゆがんだ釣鐘状の分布となる）

（検定統計量）

　χ^2検定量の式に上記例の数値を当てはめる。

$$\chi^2 = \frac{(n-1)S^2}{\sigma^2}$$

$$= \frac{(24-1)(0.038)^2}{(0.04)^2}$$

$$= 20.7575$$

（棄却判断）

　本件では検定統計量は棄却域に達しないので（分布グラフの臨界値の内側に

入ってしまうので)「帰無仮説 H_0 を棄却できない」という結論となる。

すなわち、「標本数24個からとった分散 $(0.038)^2$ は仮説上の分散たる $(0.04)^2$ を否定するほど大きくは乖離していない、95%の確率の範囲内で存在しうる数値である、よって仮説 H_0 を否定することはできない」「月間収益率の標準偏差が4.0%ではない、とは言い切れない（4%であるかもしれない）」と判断するわけである。

3　χ^2（カイ二乗）分布を用いた母標準偏差の区間推定

上記例を用いて、逆に、95%の信頼区間で標本の標準偏差 S から母集団の標準偏差 σ を推定しようとすれば次のような手順をとる。

まず、χ^2 分布に従う検定統計量の下限、上限は以下のとおり。

$$\chi^2_{n-1(1-\alpha/2)} \leq \frac{(n-1)S^2}{\sigma^2} \leq \chi^2_{n-1(\alpha/2)}$$

$\chi^2 = \dfrac{(n-1)S^2}{\sigma^2}$ を変形すれば $\sigma^2 = \dfrac{(n-1)S^2}{\chi^2}$ となるから、

母分散 σ^2 の信頼係数 $1-\alpha$ の信頼区間は、

$$\frac{(n-1)S^2}{\chi^2_{n-1(\alpha/2)}} \leq \sigma^2 \leq \frac{(n-1)S^2}{\chi^2_{n-1(1-\alpha/2)}}$$

分散の平方根が標準偏差であるから $\sigma = \sqrt{\dfrac{(n-1)S^2}{\chi^2}}$ 。

上記の例でいえば母標準偏差の上限、下限は、

$$\text{上限} = \sqrt{\frac{(n-1)S^2}{\chi^2_{0.975}}} = \sqrt{\frac{(24-1)(0.038)^2}{11.7}} = 0.0533$$

$$\text{下限} = \sqrt{\frac{(n-1)S^2}{\chi^2_{0.025}}} = \sqrt{\frac{(24-1)(0.038)^2}{38.1}} = 0.0295$$

よって $0.0295 \leq \sigma \leq 0.0533$ がサンプルから計算した母標準偏差の信頼区間

となる。

$$\sqrt{\frac{(n-1)S^2}{\chi^2_{n-1\,(\alpha/2)}}} \leq \sigma \leq \sqrt{\frac{(n-1)S^2}{\chi^2_{n-1\,(1-\alpha/2)}}}$$

（α は有意水準）

◆ 重要概念・重要公式まとめ ◆

- χ^2 検定（カイ二乗検定）（chi-square testing）

  標本の分散 S^2 が仮説上の分散 σ_0^2 と等しいかどうかを検定するには χ^2 検定を行う。

  検定統計量 χ^2 値

  $$\sum_{i=1}^{n}\left(\frac{X_i - \overline{X}}{\sigma_0}\right)^2 = \frac{(n-1)S^2}{\sigma_0^2}$$

  両側検定のときの棄却域（自由度 $n-1$ の χ^2 分布表から）

  　上側　$\alpha/2$ 点

  　下側　$1-\alpha/2$ 点

- χ^2（カイ二乗）分布を用いた母分散 σ^2 の信頼区間（信頼係数 $1-\alpha$）

  $$\frac{(n-1)S^2}{\chi^2_{n-1(\alpha/2)}} \leq \sigma^2 \leq \frac{(n-1)S^2}{\chi^2_{n-1(1-\alpha/2)}}$$

- χ^2（カイ二乗）分布を用いた母標準偏差の区間推定

  $$\sqrt{\frac{(n-1)S^2}{\chi^2_{n-1(\alpha/2)}}} \leq \sigma \leq \sqrt{\frac{(n-1)S^2}{\chi^2_{n-1(1-\alpha/2)}}}$$

第 14 講

等分散性の検定（F 検定）

> **この講のポイント**
> - 2 組の母集団の分散が等しいかどうかの検定を F 検定を使って行えるか
> - 母集団の分散が等しいという前提で、2 組の標本分散の比の検定が行えるか

1　母分散比の検定と F 分布

　第12講（平均の差の検定）で 2 組の母集団の分散が未知のときに仮説 $\mu_X = \mu_Y$ を検定する手法を示した。この際、$\sigma_X^2 = \sigma_Y^2$ と仮定して（(2)母集団分散が等しいと推定されるとき）検定を行ったので、本当に 2 組の標本データから $\sigma_X^2 = \sigma_Y^2$ を前提としてよいのかどうか別途検定する必要が出てくる。2 つの分散の比を F 分布というものを用いて検定することにより $\sigma_X^2 = \sigma_Y^2$ が棄却されるか否かを調べることができる。

2　F 分 布

　2 つの確率変数が正規分布 $N(\mu_X, \sigma_X^2)$、$N(\mu_Y, \sigma_Y^2)$ に従うとする。その 2 つの母集団から無作為抽出したサイズ m、n の標本をもとに次の検定統計量を計算すればそれは F 分布に従う。

> 検定統計量 T は自由度 $(m-1, n-1)$ の F 分布に従う。
> $$T = \frac{S_X^2/\sigma_X^2}{S_Y^2/\sigma_Y^2}$$

ここで、

$$S_X^2 = \frac{1}{m-1} \sum_{i=1}^{m} (X_i - \overline{X})^2$$

$$S_Y^2 = \frac{1}{n-1} \sum_{i=1}^{n} (Y_i - \overline{Y})^2$$

ここで S_X^2 と S_Y^2 について詳述すれば、

$$\frac{S_X^2}{\sigma_X^2} = \frac{1}{\sigma_X^2} \cdot \frac{1}{m-1} \sum_{i=1}^{m} (X_i - \overline{X})^2 = \frac{1}{m-1} \cdot \sum_{i=1}^{m} \left(\frac{X_i - \overline{X}}{\sigma_X} \right)^2$$

となり、$\sum_{i=1}^{m} \left(\frac{Y_i - \overline{Y}}{\sigma} \right)^2$ は自由度 $m-1$ の χ^2 分布に従うことがわかっている。

同様に、

$$\frac{S_Y^2}{\sigma_Y^2} = \frac{1}{\sigma_Y^2} \cdot \frac{1}{n-1} \sum_{i=1}^{n} (Y_i - \overline{Y})^2 = \frac{1}{n-1} \cdot \sum_{i=1}^{n} \left(\frac{Y_i - \overline{Y}}{\sigma_Y} \right)^2$$

となり、$\sum_{i=1}^{n} \left(\frac{X_i - \overline{X}}{\sigma} \right)^2$ は自由度 $n-1$ の χ^2 分布に従う。

よって検定統計量 $T = \frac{S_X^2/\sigma_X^2}{S_Y^2/\sigma_Y^2}$ は次のようになる。

$$T = \frac{\dfrac{1}{m-1} \sum_{i=1}^{m} \left(\dfrac{X_i - \overline{X}}{\sigma_X} \right)^2}{\dfrac{1}{n-1} \sum_{i=1}^{n} \left(\dfrac{Y_i - \overline{Y}}{\sigma_Y} \right)^2}$$

　自由度 $m-1$ の χ^2 分布に従う
　自由度 $n-1$ の χ^2 分布に従う

よって F 分布の定義(注)より、検定統計量 T は自由度 $(m-1, n-1)$ の F 分布に従う。

(注) そもそもの F 分布の定義

Y が自由度 m−1 の χ^2 分布に従い、Z が自由度 n−1 の χ^2 分布に従うとき

$X = \dfrac{\dfrac{Y}{m-1}}{\dfrac{Z}{n-1}}$ と置くと、X は自由度 (m−1, n−1) の F 分布に従う。

3　2つの母分散が等しいときのF検定

さらに、検定統計量 T に関して、σ_X^2 と σ_Y^2 が等しいときには、検定統計量 T は、

$$T = \frac{\dfrac{1}{m-1}\sum_{i=1}^{m}(\dfrac{X_i - \overline{X}}{\sigma_X})^2}{\dfrac{1}{n-1}\sum_{i=1}^{n}(\dfrac{Y_i - \overline{Y}}{\sigma})^2} = \frac{\dfrac{(m-1)S_X^2}{\sigma_X^2}\Big/(m-1)}{\dfrac{(n-1)S_Y^2}{\sigma_Y^2}\Big/(n-1)} = \frac{S_X^2/\sigma_X^2}{S_Y^2/\sigma_Y^2} = \frac{S_X^2}{S_Y^2}$$

となり、F 分布の検定統計量は標本の分散比 $\dfrac{S_X^2}{S_Y^2}$ そのものとなる。

F 分布による検定で特に重要なのは、この場合である。すなわち、この F 検定を使って母分散が等しいという仮説の検定を行うことができる。

2つの母分散が等しいかどうかの検定（F 検定）

F 検定統計量 $T = \dfrac{S_X^2}{S_Y^2}$

例題　繊維業界の31社のサンプルからとった1株当り収益の標準偏差は $4.30。一方、紙パルプ業界41社の1株当り収益の標準偏差は $3.80。このことをもって、繊維産業の収益の振れ幅が紙パルプ産業のそれより大きいといえるか。

解答

（仮説設定）

「繊維産業の分散のほうが紙パルプ産業の分散より大きい」という仮説（対立仮説 H_1）を証明するために、「繊維産業の分散は紙パルプ産業の分散と同じである」という仮説（帰無仮説 H_0）を立てる。

$H_0 : \sigma_1^2 = \sigma_2^2$

$H_1 : \sigma_1^2 > \sigma_2^2$

（棄却域）

次に、有意水準5％のF分布表（図表14-1）から分子（numerator, top row）の自由度30（＝31-1）、分母（denominator, side row）の自由度40（＝41-1）の欄を拾うと1.74という数字が見つかる。これがこの検定を行う際の臨界値である。

（検定統計量）

F値を求める。

$$F値 = \frac{S_1^2}{S_2^2} = \frac{(\$4.30)^2}{(\$3.80)^2} = \frac{18.49}{14.44} = 1.2805$$

（棄却判断）

F値1.2805は臨界値たる1.74より小さく、グラフでは臨界値より左の領域に含まれる。この結果F値は「有意（極端に大きい）」とはいえず「帰無仮説

図表14-1　F分布表（有意水準5％の臨界点）

	1	2	3	…	20	30	40
1	161	200	216		248	250	251
2	18.5	19.0	19.2		19.4	19.5	19.5
⋮							
30	4.12	3.32	2.92		1.93	1.84	1.79
40	4.08	3.23	2.84		1.84	1.74	1.69

(注) F-distribution with 30 and 40 degree of freedom

図表14−2　F検定

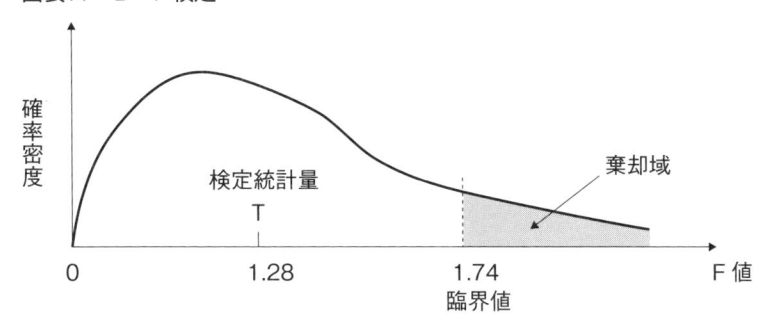

（両産業の収益率の分散が等しいとの仮説）を棄却することはできない」。すなわち、本件サンプルから算出した分散の大小比較の数値だけをもってしては「繊維産業の収益の振れ幅が紙パルプ産業の収益の振れ幅より大きいとはいえない」と判断される（図表14−2）。

　等分散を検定するためのF検定を整理すれば以下のとおり。

帰無仮説 H_0	$\sigma_X^2 = \sigma_Y^2$	
対立仮説 H_1	$\sigma_X^2 > \sigma_Y^2$	
有意水準 α	0.05	
標本数	m=31	n=41
自由度（df）	31−1=30	41−1=40
標本平均（未知）	$\overline{X}=?$	$\overline{Y}=?$
標本分散	$S_X^2=(4.30)^2$	$S_Y^2=(3.80)^2$
検定統計量 T	$\dfrac{S_X^2}{S_Y^2}=1.2805$	
$F_{30,40}(0.05)$	1.74	
棄却域 R		

第14講　等分散性の検定（F検定）　175

検定結果	帰無仮説 H_0 は棄却されない

◆ 重要概念・重要公式まとめ ◆

- F検定

    2つの母分散が等しいかどうかを検定する場合に、F検定を用いる。

    ➤仮説

    　　　帰無仮説 H_0 : $\sigma_X^2 = \sigma_Y^2$

    　　　対立仮説 H_1 : $\sigma_X^2 > \sigma_Y^2$

    ➤検定統計量 T は標本分散比

    $$F検定統計量\ T = \frac{S_X^2}{S_Y^2}$$

    ➤T は自由度 $(m-1, n-1)$ の F 分布に従う。

    　（X の標本サイズ m、Y の標本サイズ n）

    ➤F 分布から上側確率 α となるパーセント点を棄却の臨界値とする。

第15講

回 帰 分 析

この講のポイント

- 回帰係数の意味
- 線形回帰の前提となっていることは何か
- 推定値の標準誤差を計算できるか
- 回帰式を使って被説明変数の予測および信頼区間の計算ができるか
- 回帰係数の検定ができるか
- 決定係数とは何か

1 回帰係数

回帰方程式（単回帰）は第6講で述べたように次のようなかたちをとっている。

回帰方程式

$Y_i = b_0 + b_1 X_i + \varepsilon_i$

- Y_i ：被説明変数
- X_i ：説明変数
- b_0, b_1：回帰係数（切片と傾き）
- ε_i ：誤差項（回帰残差項）

b_0 は切片を表すパラメータで、b_1 は傾きを表すパラメータである。

回帰式によって説明できない誤差項 ε_i は回帰式による Y の推定値 $\hat{Y}_i$ と実データ値 Y_i との差を表している。

$$\varepsilon_i = Y_i - \hat{Y}_i = Y_i - (\hat{b}_0 + \hat{b}_1 X_i)$$

2　最小二乗法（Method of Least Squares）

最適な回帰式をつくるには上の式における ε_i を最小化すればよい。

ε_i の符号の影響を取り除くために平方和を S とすると、

$$S = \sum_{i=1}^{n} \varepsilon_i^2 = \sum_{i=1}^{n} \{Y_i - (b_0 + b_1 X_i)\}^2$$

S を最小にする $\hat{b}_0$、$\hat{b}_1$ を b_0、b_1 の最小二乗推定量（least squares estimator）という。S を最小にする $\hat{b}_0$、$\hat{b}_1$ は上式の一次の偏微分式を 0 と置いた 2 つの方程式を解くことによって求めることができる(注)。

$$\hat{b}_1 = \frac{\sum (X_i - \overline{X})(Y_i - \overline{Y})}{\sum (X_i - \overline{X})^2} = \frac{COV_{YX}}{s_X^2} = \frac{YX \text{ の共分散}}{X \text{ の分散}}$$

$$\hat{b}_0 = \overline{Y} - \hat{b}_1 \overline{X}$$

(注)　最小二乗法による回帰係数の導出

$$\frac{\partial S}{\partial b_0} = -2 \sum (Y_i - b_0 - b_1 X_i) = 0 \cdots\cdots ①$$

$$\frac{\partial S}{\partial b_1} = -2 \sum (Y_i - b_0 - b_1 X_i) X_i = 0 \cdots\cdots ②$$

これを整理して、

$$nb_0 + (\sum X_i) b_1 = \sum Y_i \cdots\cdots ③$$

$$(\sum X_i) b_0 + (\sum X_i^2) b_1 = \sum Y_i X_i \cdots\cdots ④$$

③より、

$$nb_0 + nb_1 \overline{X} = n\overline{Y}$$

$$\therefore\ b_0 = \overline{Y} - b_1 \overline{X} \cdots\cdots ⑤ \ (b_0 \text{ の導出})$$

この⑤を④に代入して、

$$(\sum X_i)(\overline{Y} - b_1 \overline{X}) + (\sum X_i^2) b_1 = \sum Y_i X_i$$

$$\therefore \ b_1 = \frac{\sum Y_i X_i - n\overline{Y} \cdot \overline{X}}{\sum X_i^2 - n\overline{X}^2} = \frac{\sum (X_i - \overline{X})(Y_i - \overline{Y})}{\sum (X_i - \overline{X})^2} \quad (b_1 \text{の導出})$$

(例) 相関係数で用いた例を使って共分散、分散を計算すれば次表のとおり。

Y_i	X_i	$(Y_i - \overline{Y})(X_i - \overline{X})$	$(Y_i - \overline{Y})^2$	$(X_i - \overline{X})^2$
20	10	$(20-4)(10+2)=192$	$(20-4)^2=256$	$(10+2)^2=144$
-30	-20	$(-30-4)(-20+2)=612$	$(-30-4)^2=1156$	$(-20+2)^2=324$
30	20	$(30-4)(20+2)=572$	$(30-4)^2=676$	$(20+2)^2=484$
10	0	$(10-4)(0+2)=12$	$(10-4)^2=36$	$(0+2)^2=4$
-10	-20	$(-10-4)(-20+2)=252$	$(-10-4)^2=196$	$(-20+2)^2=324$
20	-10	1,640	2,320	1,280

$\overline{Y}=4$、$\overline{X}=-2$ よって、

$$b_1 = \frac{\sum (X_i - \overline{X})(Y_i - \overline{Y})}{\sum (X_i - \overline{X})^2} = \frac{1,640}{1,280} = 1.28$$

$$b_0 = \overline{Y} - \hat{b}_1 \overline{X} = 4 - (1.28)(-2) = 6.56$$

パラメータの公式から傾き1.28、切片6.56を得る。

$$\hat{Y}_i = 6.56 + 1.28 X_i$$

この回帰式が誤差項を最小にする最適な回帰式ということになる。

3 回帰方程式の前提

回帰方程式の前提となっているのは以下のとおり。

① YとXは一次の線形関係である（二次、三次の関係はない）。
② Xは特定のデータ値をとり、ランダムな値ではない。
③ 誤差項の期待値はゼロ。
④ 誤差項の分散が一定。
⑤ 誤差項相互に相関がない。
⑥ 誤差項が正規分布に従う。

4 推定値の標準誤差（Standard Error of Estinate, SEE）

回帰方程式を用いて被説明変数 Y の推定値 $\hat{Y}$ を計算したときの Y の標準誤差（SEE）は次の式によって求められる。

$$\text{SEE} = \sqrt{\frac{\sum_{i=1}^{n}\hat{\varepsilon}_i^2}{n-2}} = \sqrt{\frac{\sum_{i=1}^{n}(Y_i-\hat{b}_0-\hat{b}_1X_i)^2}{n-2}}$$

これは誤差の不偏分散 s^2 が標本回帰推定誤差の平方和を $n-2$ で割ったものに等しいことからきている（2つのパラメータを推定したので自由度が2つ減っている）。

$$s^2 = \frac{\sum_{i=1}^{n}\hat{\varepsilon}_i^2}{n-2}$$

（例）　前述の例に即していえば、

Yi	Xi	$\hat{Y}_i=6.56+1.28X_i$	$\hat{\varepsilon}_i=Y_i-\hat{Y}_i$	残差平方和$(\varepsilon_i)^2$
20	10	19.36	0.64	0.4096
−30	−20	−19.04	−10.96	120.1216
30	20	32.16	−2.16	4.6656
10	0	6.56	3.44	11.8336
−10	−20	−19.04	9.04	81.7216
				<u>218.7520</u>

$$\text{SEE} = \sqrt{\frac{\sum_{i=1}^{n}\hat{\varepsilon}_i^2}{n-2}} = \sqrt{\frac{218.7520}{5-2}} = \underline{8.54} \text{（図表15-1）}$$

5　予測誤差と信頼区間

特定の X_i の値に対応する Y_i の値の予測誤差の分散（the variance of the

図表15-1　推定値の標準誤差

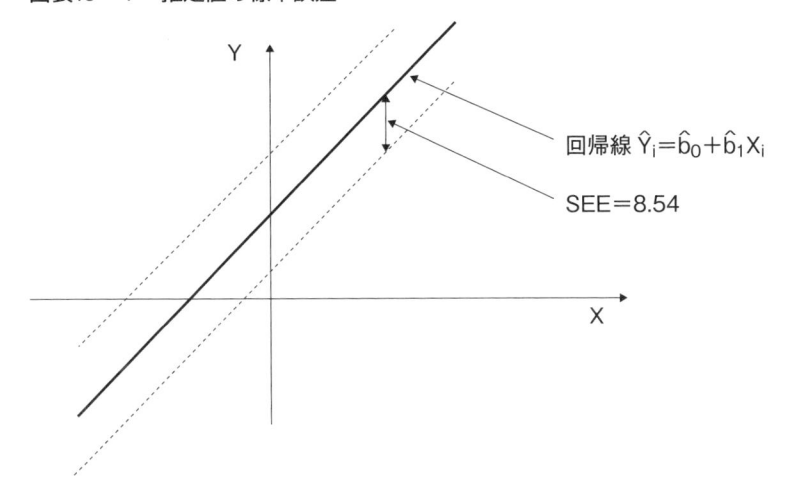

回帰線 $\hat{Y}_i = \hat{b}_0 + \hat{b}_1 X_i$

SEE＝8.54

predicted value of Yi) は次の式による。

$$s_f^2 = (SEE)^2 \left[1 + \frac{1}{n} + \frac{(X_i - \overline{X})^2}{(n-1)s_X^2} \right]$$

推定した回帰線は重心 $(\overline{X}, \overline{Y})$ を通るが、切片にも傾きにも誤差が存在するので$\overline{X}$から遠ざかるほど予測誤差は大きくなる。上式 [ ] 内第3項はその影響を反映している。

予測値の信頼区間（the confidence interval of the predicted value of Yi）は、この s_f を使って、

$$\hat{Y}_{i\text{MAX/MIN}} = \hat{b}_0 + \hat{b}_1 X_i \pm t_{\alpha/2, n-2} s_f$$

（例）　先の例を用いてS&Pの収益率が24％のとき、

第15講　回帰分析　181

$$s_f^2 = (SEE)^2 \left[1 + \frac{1}{n} + \frac{(X_i - \overline{X})^2}{(n-1)s_X^2}\right]$$

$$= (8.54)^2 \left[1 + \frac{1}{5} + \frac{(24+2)^2}{(5-1)(1,280/4)}\right] = 126.03$$

$$s_f = \sqrt{126.03} = 11.23$$

95％信頼区間は、

$$\widehat{Y}_{i_{MAX/MIN}} = \hat{b}_0 + \hat{b}_1 X_i \pm t_{\alpha/2, n-2} s_f$$

$$t_{\alpha/2, n-2} = t_{0.025, 3} = 3.182 \text{ゆえ}$$

$$\widehat{Y}_{i_{MAX/MIN}} = \hat{b}_0 + \hat{b}_1 X_i \pm t_{\alpha/2, n-2} s_f$$

$$= 6.56 + 1.28(24\%) \pm 3.182(11.23\%)$$

$$= 1.55\% \text{ to } 73.01\%$$

6　回帰係数の信頼区間

回帰係数自体の信頼区間は以下のとおり。

$$b_0 = \hat{b}_0 \pm t_{\alpha/2, n-2} s_{\hat{b}_0}$$
$$b_1 = \hat{b}_1 \pm t_{\alpha/2, n-2} s_{\hat{b}_1}$$

$\hat{b}_0$：回帰により推定された切片係数

$\hat{b}_1$：回帰により推定された傾き係数

$s_{\hat{b}_0}$：切片の標本標準誤差

$s_{\hat{b}_1}$：傾きの標本標準誤差

7　回帰係数の検定

回帰係数の検定ではt検定（両側）を用いる。通常は回帰係数（パラメータ）がゼロという帰無仮説を置くことが多い。

t検定する際の自由度は、

> degree of freedom＝n－k－1
> （n：観測データ数, k＝説明変数の数）

単回帰のときはk＝1であるから自由度はn－2となる。事例を用いて示せば次のとおり。

例題 データ数5で回帰方程式を推定したところ $Y_i=6.56+1.28X_i$ となった。切片、傾きの標本標準誤差はそれぞれ $s_{\hat{b}_0}=3.84$、$s_{\hat{b}_1}=0.239$ である。5％有意水準（95％信頼区間）のもとで回帰係数の有意性を検定せよ。

解答

（「切片」の検定）

仮説

$H_0: b_0=0$

$H_1: b_0 \neq 0$

自由度3（＝5－1－1）、両側5％有意（$\alpha/2=0.025$）のt検定。

検定統計量は、

$$t_{calc}=\left|\frac{\hat{b}_0-\beta_0}{s_{\hat{b}_0}}\right|=\left|\frac{6.56-0}{3.84}\right|=1.71$$

臨界値は、

$t_{critical}=t_{\alpha/2, n-2}=t_{0.025, 3}=3.182$（t分布表より）

t_{calc}（検定統計量）＜$t_{critical}$（臨界値）

であり検定統計量は信頼区間の内側に入る。棄却域ではないので帰無仮説は棄却できない。すなわち「切片が有意であるとはいえない」ことになる。

（「傾き」の検定）

仮説

$H_0 : b_1 = 0$

$H_1 : b_1 \neq 0$

自由度3（＝5－1－1）、両側5％有意（$\alpha/2=0.025$）のt検定。

検定統計量は、

$$t_{calc} = \left| \frac{\hat{b}_1 - \beta_1}{s_{\hat{b}_1}} \right| = \left| \frac{1.28 - 0}{0.239} \right| = 5.36$$

臨界値は、

$$t_{critical} = t_{\alpha/2, n-2} = t_{0.025, 3} = 3.182$$

よって、

$$t_{calc}（検定統計量）> t_{critical}（臨界値）$$

であり検定統計量は信頼区間の外側。棄却域に入るので帰無仮説は棄却される。すなわち「傾きは有意である」ということになる。

要すれば、

切片 $b_0(=6.56)$ は有意ではないが、傾き係数 $b_1(=1.28)$ は有意である。説明変数であるS&P500収益率が増加すれば対象株式の収益率が1.28倍の割合で比例的に増加するということがいえる。

◆ 重要概念・重要公式まとめ ◆

- 回帰方程式（単回帰の場合）

    $Y_i = b_0 + b_1 X_i + \varepsilon_i$

- 回帰係数の推定

    $$\hat{b}_1 = \frac{\sum (X_i - \overline{X})(Y_i - \overline{Y})}{\sum (X_i - \overline{X})^2} = \frac{\text{Cov}_{YX}}{s_X^2}$$

    $\hat{b}_0 = \overline{Y} - \hat{b}_1 \overline{X}$

- 回帰方程式の前提

①　YとXは一次の線形関係である（二次項、三次項はない）。
②　Xは特定のデータ値をとり、ランダムな値ではない。
③　誤差項の期待値はゼロ。
④　誤差項の分散が一定。
⑤　誤差項相互に相関がない。
⑥　誤差項が正規分布に従う。

- 被説明変数Y推定値の標準誤差（standard error of estinate, SEE）

$$\text{SEE} = \sqrt{\frac{\sum_{i=1}^{n}\hat{\varepsilon}_i^2}{n-k-1}} = \sqrt{\frac{\sum_{i=1}^{n}(Y_i - \hat{b}_0 - \hat{b}_1 X_i)^2}{n-k-1}}$$

- 予測誤差と信頼区間

特定のXの値に対応するYの値の予測誤差の分散

$$s_f^2 = (\text{SEE})^2 \left[1 + \frac{1}{n} + \frac{(X_i - \overline{X})^2}{(n-1)s_X^2}\right]$$

予測値の信頼区間

$$\hat{Y}_{i_{\text{MAX/MIN}}} = \hat{b}_0 + \hat{b}_1 X_i \pm t_{\alpha/2,\,n-2} s_f$$

- 回帰係数の信頼区間（t値の自由度はn−2、両側検定ゆえ95％信頼区間ならt分布表からp＝0.025の値を拾う）

$$b_0 = \hat{b}_0 \pm t_{\alpha/2,\,n-2} s_{\hat{b}_0}$$

$$b_1 = \hat{b}_1 \pm t_{\alpha/2,\,n-2} s_{\hat{b}_1}$$

第 16 講

回帰分析における分散分析表

この講のポイント

- 分散分析表が読み取れるか
- 決定係数の計算ができるか
- F 値の計算ができるか
- 回帰分析の限界は何か
- 多変量回帰分析におけるモデル回帰式の有効性が判断できるか

1 分散分析表（ANOVA Table）

　回帰分析における分散分析表（図表16－1）を ANOVA Table（analysis of variance table）と称している。

　回帰式は複数の観測データに最も適合する直線を最小二乗法で推定するものである。これらの変動数値をもとに回帰式の妥当性判断を行いやすいよう一覧表にしたものが ANOVA Table である。

　CFA® 試験では ANOVA Table を計算して作成することよりも、その仕組みを知ったうえで使いこなすことが求められる。

　特に、決定係数 R^2 の計算（説明力の検討）、回帰式全体の妥当性検証（F 検定）、回帰式の「切片係数」「傾き係数」の検証（t 検定）が重要である。

図表16−1　分散分析表

要因 Source of Variation	自由度 Degree of Freedom	変動平方和 Sum of Squares (Variation)	平均平方 Mean Sum of Squares	F値 F-statistic
回帰変動 Regression	k （変数の数）	$SSR = \sum_{i=1}^{n}(\hat{Y}_i - \overline{Y})^2$	$MSR = \dfrac{SSR}{k}$	$F = \dfrac{MSR}{MSE}$
残差変動 Residuals (Errors)	$n-k-1$	$SSE = \sum_{i=1}^{n}(Y_i - \hat{Y}_i)^2$	$MSE = SEE^2 = \dfrac{SSE}{n-k-1}$	
全変動 Total	$n-1$	$SST = \sum_{i=1}^{n}(Y_i - \overline{Y})^2$		

図表16−2　回帰式と変動要因

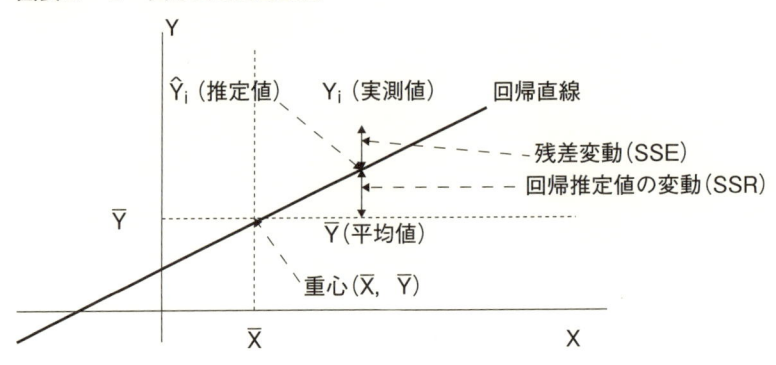

(1) **回帰変動（regression amount of variation）**

回帰変動の自由度は説明変数の数を示す（k 単回帰の場合、自由度は 1）。

回帰平方和 $SSR = \sum_{i=1}^{n}(\hat{Y}_i - \overline{Y})^2$ (the regression sum of the squares) は Y の変動のうち回帰式で説明できる部分を示している。$\hat{Y}_i$ は回帰による推定値、$\overline{Y}$ は Y の平均値である。

SSR を自由度で割ったものが MSR (mean sum of the squares for the regression) である。回帰式で説明できる部分の不偏分散を表している。

(2) **残差変動（residuals amount of variation）**

残差変動の自由度は全変動自由度−回帰変動自由度で計算される

$(n-k-1)$。残差平方和 SST $=\sum_{i=1}^{n}(Y_i-\widehat{Y}_i)^2$ (the sum of the squares of the errors) は Y の変動のうち回帰式では説明できない部分を示す。これを自由度で割ったものが MSE (the mean sum of squares for the error terms) である。残差部分の不偏分散である。回帰変動と残差変動それぞれの不偏分散の比が F 値である。

(3) 全変動 (total amount of variation)

全変動の自由度は観測データから 1 を引いた数である ($n-1$)。

全変動の全平方和 SST (the total sum of squares) は被説明変数から平均値を差し引いた偏差の平方和である (平均値からの乖離度合いを二乗して足し合わせたもの)。

全平方和 SST＝回帰平方和 SSR＋残差平方和 SSE

という関係になっている。Y の変動が回帰式によって説明できる部分と説明できない部分に分解できたわけである。

(注) 全変動 SST＝回帰変動 SSR＋残差変動 SSE の証明
$$SST=\sum_{i=1}^{n}(Y_i-\overline{Y})^2=\sum_{i=1}^{n}(\varepsilon_i+\widehat{Y}_i-\overline{Y})^2$$
$$=\sum_{i=1}^{n}\varepsilon_i^2+2\sum_{i=1}^{n}\varepsilon_i(\widehat{Y}_i-\overline{Y})+\sum_{i=1}^{n}(\widehat{Y}_i-\overline{Y})^2$$

ここで第 2 項をみれば、最小二乗法による回帰係数の推定で、(第15講①式) $\frac{\partial S}{\partial b_0}=-2\sum(Y_i-b_0-b_1X_i)=0$ と置いたことから第 2 項は、

$$\sum_{i=1}^{n}\varepsilon_i=\sum_{i=1}^{n}(Y_i-\widehat{Y}_i)=\sum(Y_i-b_0-b_1X_i)=0$$

この結果、第 1 項と第 3 項のみが残り、
$$SST=\sum_{i=1}^{n}(\widehat{Y}_i-\overline{Y})^2+\sum_{i=1}^{n}\varepsilon_i^2=SSR+SSE$$

2 決定係数 (Coefficient of Determination, R-square)

全平方和 SST＝回帰平方和 SSR＋残差平方和 SSE であったから、

決定係数 R^2

$$R^2 = \frac{\text{回帰平方和 SSR}}{\text{全平方和 SST}} = 1 - \frac{\text{残差平方和 SSE}}{\text{全平方和 SST}}$$

自由度調整後決定係数 $\overline{R}^2$

$$\overline{R}^2 = 1 - \left(\frac{n-1}{n-k-1}\right)(1-R^2)$$

と定義すると R^2 が Y の変動する部分のうち X で説明できる部分の割合を示すことになる。この R^2 を決定係数 (coefficient of determination) と呼ぶ。決定係数は 0 から 1 の間の数値をとり、決定係数の値が 1 に近いほど回帰モデルの説明力は高い。決定係数 R^2 は相関係数 r の二乗に等しい。

$0 \leq R^2 \leq 1$

(注) 決定係数＝相関係数^2 の証明

$SSR = \sum_{i=1}^{n}(\hat{Y}_i - \overline{Y})^2$

$= \sum_{i=1}^{n}\{\hat{b}_0 + \hat{b}_1 X_i - (\hat{b}_0 + \hat{b}_1 \overline{X})\}^2$

$= \hat{b}_1^2 \sum_{i=1}^{n}(X_i - \overline{X})^2$

ここで $\hat{b}_1 = \frac{COV_{YX}}{S_X^2}$、$r_{YX} = \frac{COV_{YX}}{S_Y S_X}$ であるから、

$\hat{b}_1^2 = \frac{COV_{YX}^2}{S_X^2 S_X^2} = r_{YX}^2 \cdot \frac{S_Y^2}{S_X^2}$

よって、

$SSR = r_{YX}^2 \cdot \frac{S_Y^2}{S_X^2} \cdot \sum_{i=1}^{n}(X_i - \overline{X})^2$

$= r_{YX}^2 \cdot \frac{S_Y^2}{S_X^2} \cdot nS_X^2$

$= r_{YX}^2 (nS_Y^2)$

$= r_{YX}^2 \cdot \sum_{i=1}^{n}(Y_i - \overline{Y})^2$

$= (相関係数)^2 \times 全変動 SST$

$$\therefore \ R^2 = \frac{SSR}{SST} = (相関係数)^2$$

(例) 前述のデータ例によれば、SSR、SSE、SST は次のように計算される。

Yi	Xi	$\widehat{Y}_i = 6.56 + 1.28 X_i$	SSR= $(\widehat{Y}_i - \overline{Y})^2$	SSE= $(Y_i - \widehat{Y}_i)^2$	SST= $(Y_i - \overline{Y})^2$
20	10	19.36	236	0	256
−30	−20	−19.04	531	120	1156
30	20	32.16	793	5	676
10	0	6.56	7	12	36
−10	−20	−19.04	531	82	196
<u>20</u>	<u>−10</u>		<u>2097</u>	<u>219</u>	<u>2320</u>

(注) 上表では四捨五入の関係で横合計があわない格好になっている。

これをベースに分散分析表を作成すれば、

ANOVA	d of f	Sum of Squares		Mean Sum of Squares		F statistic
Regression	1	(SSR)	2097	(MSR)	$2097 \div 1 = 2097$	$2097 \div 73$ $= 28.73$
Residuals	3	(SSE)	219	(MSE)	$219 \div 3 = 73$	
Total	4	(SST)	2316		579	

決定係数は、

$$R^2 = \frac{SSR}{SST} = \frac{2097}{2316} = 0.9054 \ or \ 90.54\%$$

となる。

3 回帰分析における F 検定

分散分析表のなかのF値は次式で計算される。

$$F_{calc} = \frac{SSR/k}{SSE/(n-k-1)} = \frac{MSR}{MSE}$$

この不偏分散比は F 分布に従うので、分散比の有意性が検定できる。F 値が臨界値より大きければ回帰により説明できる部分の分散（分子）が残差の分散（分母）に比べて十分大きいことを示しモデルの説明力が高いと結論づけることができる。

ちなみに、単回帰（説明変数が 1 つ）のときは傾きの t 値の二乗が F 値に等しい（$F_{calc}=t_{calc}^2$）という関係がある。

> **例題** 上記分散分析表に従った例の場合、有意水準 5 ％のもとで F 値は統計的に有意であるといえるか。
> $H_0 : b_1=0$
> $H_1 : b_1 \neq 0$

解答

F 分布（自由度 1 と 3）を使って行う有意水準 5 ％（$\alpha=0.05$）の片側 F 検定。

検定統計量は、

$$F_{calc} = \frac{SSR/k}{SSE/(n-k-1)} = \frac{MSR}{MSE} = \frac{2097}{73} = 28.73$$

臨界値は、

$F_{critical} = F_{0.05, 1/3} = 10.1$

検定統計量 ≧ 臨界値となり、棄却域に入るので、帰無仮説は棄却される。すなわち「F 値は 5 ％有意水準で有意である」といえる。

4　回帰分析の限界

回帰分析には次のような限界がある。

① 説明変数と被説明変数の関係は時間がたてば変化する。過去の関係が将来も続くとは限らない。

② 別の関係が発見されることで、既存の回帰式の有益性が失われるこ

とがある。

③ 回帰分析の前提が崩れれば回帰式の仮説検定や回帰式を使った予測結果はすべて無効となる。

● 演 習

Q1 15カ店のデータを用いて売場面積と売上高の関係を回帰分析した。Xが説明変数（売場面積）、Yが被説明変数（売上高）である。

【分散分析表】

ANOVA	df	Sum of Squares	Mean Sum of Squares	Significance of F
Regression	1	81.962	???	0.000
Residual	13	???	???	
Total	14	105.7333	???	

【回帰係数】

	Coefficients	Standard Error	t-statistic
Intercept	−2.7986	1.3405	−2.0876
X variable	0.1436	0.0214	6.6949

Student's t Distribution

df	p=0.025	p=0.05
13	2.160	1.771
14	2.145	1.761
15	2.131	1.753

95%信頼係数のもとでの「傾き」の信頼区間はいくらか。

　　a　0.1058 to 0.1813

　　b　0.0974 to 0.1898

  c -2.0876 to 6.6949

> **解答　b**
>
> 　推定される回帰係数（傾き）は回帰係数表より $\bar{b}_1 = 0.1436$
>
> 　自由度13（データ数15－説明変数1－1）の両側 t 検定ゆえ、t 分布表の df＝13、p＝0.025 から $t_{critical} = 2.16$ を選ぶ。「傾き」の標準誤差は 0.0214であるから、回帰係数（傾き）の信頼区間は、
>
> $$b_1 = \bar{b}_1 \pm t_{\alpha/2, n-2} s_{\bar{b}_1} = 0.1436 \pm 2.16(0.0214) = 0.0974 \text{ to } 0.1898$$

Q2　次の分散分析表から決定係数 R^2 と標本標準誤差 SEE (standard error of the estimate) を計算せよ。

Source of Variation	Degree of Freedom	Variation (Sum of Square)	Variation (Mean Sum of Square)
Regression	1	1,392	1,392/1＝1,392
Error	2	8	8/2＝4
Total	3	1,400	1,400/3＝466.7

   R^2 SEE
 a 8 4
 b 0.99 2
 c 0.98 1

> **解答　b**
>
> 決定係数 $R^2 = \dfrac{SSR}{SST} = \dfrac{1392}{1400} = \underline{0.9943}$
>
> $SEE = \sqrt{\dfrac{\sum_{i=1}^{n}\hat{\varepsilon}_i^2}{n-k-1}} = \sqrt{\dfrac{SSE}{n-k-1}} = \sqrt{\dfrac{8}{2}} = \underline{2}$

Q 3 次のような分散分析表がある。説明変数はいくつか。

Source of Variation	Degree of Freedom	Variation（SS）	Variation（MS）
Regression	1	10,250	10,250
Error	248	1,250	5.04
Total	249	11,500	

a　1
b　249
c　250

> 解答　a
> 回帰変動の自由度1が説明変数の数を示す。ちなみにここではデータ数は250。

Q 4 次の回帰式が与えられている。5％有意水準で傾きのt検定を行うとする。t値はいくらか、また傾きは統計的に有意といえるか。

　　$Y = 32 + 0.20X$
　　$S_{b_0} = 20$, $S_{b_1} = 0.04$, $R^2 = 0.60$, $n = 200$

a　5.0、有意
b　1.6、有意ではない
c　1.6、有意

> 解答　a
> $$t_{calc} = \left| \frac{b_1 - 0}{S_{b_1}} \right| = \left| \frac{0.20 - 0}{0.04} \right| = \underline{5}$$
> $t_{critical} = t_{0.025, 198} = 2$

検定統計量 t_{calc} ＞臨界値 $t_{critical}$ であるから帰無仮説は棄却される（有意）。

Q 5 次の回帰式が推定されている。

$Y = 4.0 + 8.0X$

もし $\sigma_X = 10$、$\sigma_Y = 8$ であるとし、YとXの共分散が64とすればYとXの相関係数はいくらか。

a 1.25
b 0.80
c 0.45

解答 b

相関係数の公式により、

$$r_{YX} = \frac{COV_{YX}}{\sigma_Y \sigma_X} = \frac{64}{(8)(10)} = \underline{0.80}$$

◆ 重要概念・重要公式まとめ ◆

● 分散分析表

要因 Source of Variation	自由度 Degree of Freedom	変動平方和 Sum of Squares (Variation)	平均平方 Mean Sum of Squares	F値 F-statistic
回帰変動 Regression	k （変数の数）	$SSR = \sum_{i=1}^{n}(\hat{Y}_i - \overline{Y})^2$	$MSR = \dfrac{SSR}{k}$	$F = \dfrac{MSR}{MSE}$

残差変動 Residuals (Errors)	n−k−1	SSE=$\sum_{i=1}^{n}(Y_i-\hat{Y}_i)^2$	MSE=SEE^2 =$\dfrac{SSE}{n-k-1}$	
全変動 Total	n−1 (サンプル数 −1)	SST=$\sum_{i=1}^{n}(Y_i-\overline{Y})^2$		

- 決定係数

$$R^2=\frac{\text{回帰平方和 SSR}}{\text{全平方和 SST}}=1-\frac{\text{残差平方和 SSE}}{\text{全平方和 SST}}$$

- 自由度調整後決定係数

$$\overline{R}^2=1-\left(\frac{n-1}{n-k-1}\right)(1-R^2)$$

- 回帰分析におけるF検定

$$F_{calc}=\frac{SSR/k}{SSE/(n-k-1)}=\frac{MSR}{MSE}$$

- 回帰分析の限界
  ① 説明変数と被説明変数の関係は時間がたてば変化する。
  ② 別の関係が発見されることで、既存の回帰式の有益性が失われる。
  ③ 回帰分析の前提が崩れれば仮説検定や予測結果は無効となる。

第 17 講

回帰分析（その２）

この講のポイント

- 回帰誤差分散の不均一性とは何か
- 回帰分析における自己相関／系列相関は何が問題か
- 多重共線性とは何か
- ダミー変数とは何か
- 被説明変数が質的変数であるモデル（probit モデル、logit モデル、判別モデル）について説明せよ
- 統計モデル回帰式をみる際のおもなチェックポイントは何か

1　回帰分析における統計上の問題点

　回帰分析を行う際、線形回帰式のなかに入り込みがちな統計上の問題点が３つある。分散不均一性（heteroskedasticity）、自己相関（autocorrelation）、多重共線性（multicolinearity）である。CFA® 試験（レベル２）ではこの内容と発見方法（発見のための検定方法）が問われる。

(注)　回帰分析を適用する場合に生じる問題としては、ほかに説明変数の欠如（重要な説明変数を見落としているかもしれない）、回帰関数の非線形性（回帰関数が曲線であるかもしれない）、交互作用（説明変数の積 $x_1 x_2$ の影響、相乗効果があるかもしれない）、非正規性（誤差項が正規分布していないかもしれない）といった問題があるが CFA® 試験では上記３つの問題点のみが問われている。

2 分散不均一性（Heteroskedasticity）

(1) 分散不均一性

回帰モデルにおいては回帰直線の周りの誤差分散が観測値全体にわたって変わらないという前提が仮定されている。こうした状況を分散均一性（homoskedasticity）という。

逆にこの仮定が成り立たない場合、すなわち誤差項を取り出した場合に、標本データの分散がふぞろいである場合を分散不均一性（heteroskedasticity）という（図表17-1）。特に conditional heteroskedasticity（ある特定の説明変数の数値増に従い傾向的に誤差項が増加したり減少したりすること）は誤差項の前提条件たる「誤差項の期待値はゼロ、分散が一定」という「分散均一性」が崩れるため問題である（誤差項の正規性、分散均一性が回帰分析では重要）。

時系列データをとった場合には、誤差項のばらつきが傾向的に増加するということがしばしば発生する（図表17-2）。誤差項の分散が傾向的に増加する場合、過去のデータから標準誤差（$S/\sqrt{n}$）を計算すると直近の誤差よりも小さい値が計算され（underestimate）その結果回帰係数のt値

図表17-1 誤差項分散の不均一性（heteroskedastic errors）

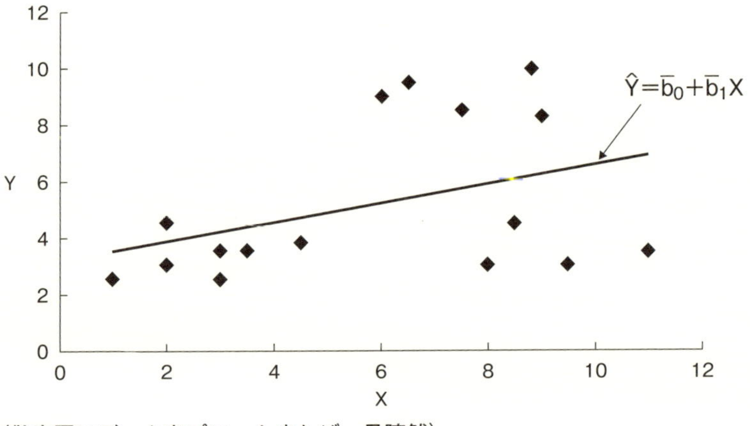

$\hat{Y} = \bar{b}_0 + \bar{b}_1 X$

（散布図にデータをプロットすれば一目瞭然）

図表17-2　誤差項の分散が時系列的に増大する場合

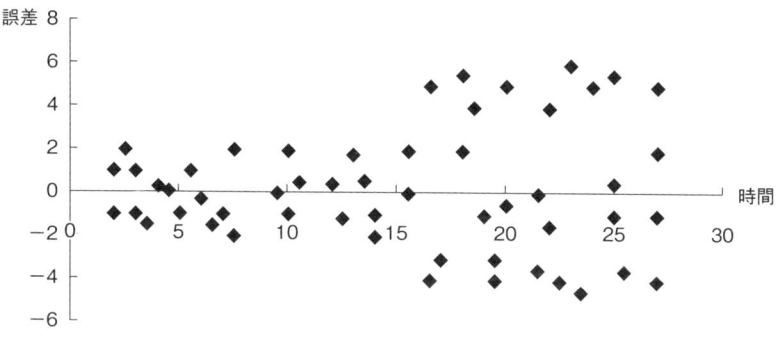

（conditional heteroskedasticity）

$(t=\dfrac{b-0}{S/\sqrt{n}})$ が過大に計算される。その結果、回帰係数が有意であると判断される可能性が高まる（有意でないにもかかわらず）。このように分散不均一性の場合には標準誤差の値自体が不偏でなくt値に影響を与え仮説検定の信頼性を低下させることになるのである。

(2) **分散不均一性の検定方法**

分散の不均一性はブルーシュ・ペイガン検定（Breusch-Pagan test）によって行う。手順は以下のとおり。

① 回帰分析を行って得られる誤差項の二乗を求める。

② 誤差の二乗を従属変数として他の説明変数との間の回帰分析を行う。

③ その場合の決定係数 R^2 にサンプル数を掛けたものを検定量とする。

BP 検定統計量＝$n \times R^2$

④ 自由度は k（説明変数の数）。

⑤ χ^2（カイ二乗）分布表を用いて検定する（たとえば $P(\chi^2 > a) = 0.05$）。

⑥ 検定統計量が臨界値 a を上回っていれば帰無仮説（分散均一性）は棄却される。

すなわち、誤差項と説明変数の間に回帰関係があるかどうかを検定するものである。

3　誤差項の自己相関／系列相関（Autocorrelation, Serial Correlation）

(1)　自己相関／系列相関

多変量回帰分析を行う場合、導き出した説明変数（独立変数）が被説明変数（従属変数）のトレンドを説明しつくしていることが理想である。すなわち、誤差項が相互に無相関であることが理想的である。しかし実際の経済現象のなかには（特に時系列データの場合）為替レートや小売業の売上高のように正の誤差が次時点の誤差に影響し、正の誤差が大きくなっていくというようなことが起こりうる。このような場合、被説明変数 Y がいくつかの説明変数 X_i で説明されつくされたようにみえても自己相関関係が誤差項 ε（イプ

図表17－3　誤差項の系列相関（上が正の相関、下が負の相関の場合）

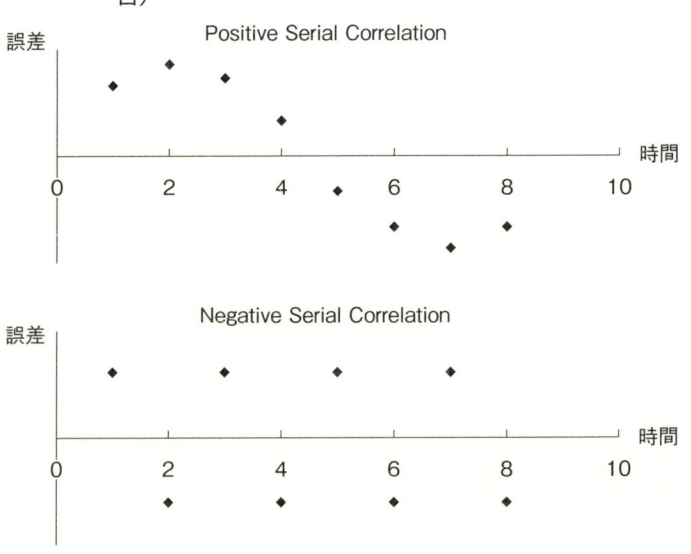

Positive Serial Correlation

Negative Serial Correlation

シロン）のなかに残っていることになる。

「回帰式の誤差項 ε に自己相関関係がある場合」を、自己相関（autocorrelation）あるいは系列相関（serial correlation）と呼んでいる（図表17-3）。分散の不均一性と同じように回帰係数の誤差推定を誤る結果となり回帰式や仮説検定の信頼性が失われてしまうので問題である。すなわち被説明変数 Y_t 自体が1期前の Y_{t-1} ないし数期前の被説明変数 Y_{t-n} の影響を受け継いでいるとすれば、被説明変数の値をいくつかの独立変数 X_i だけで説明しようとする多変量回帰式の予測力は大きく阻害されるから問題なのである。

(2) 誤差項自己相関の検定方法（ダービン・ワトソン検定）

回帰式の誤差項に自己相関があるかどうかを検定する場合にダービン・ワトソン統計量（Durbin-Watson statistic）を用いて検定を行う（「誤差項に系列相関がないこと、誤差項に一次自己回帰の関係がないこと」が帰無仮説）。DW統計量は次の式により計算される。

$$DW = \frac{\sum_{t=2}^{n}(\varepsilon_t - \varepsilon_{t-1})^2}{\sum_{t=1}^{n}\varepsilon_t^2}$$

分母・分子に各々 $1/(n-2)$ を掛けて、展開すると、

$$DW = \frac{Var(\varepsilon_t) - 2Cov(\varepsilon_t, \varepsilon_{t-1}) + Var(\varepsilon_{t-1})}{Var(\varepsilon_t)}$$

サンプルサイズが大きければ $Var(\varepsilon_t)$ も $Var(\varepsilon_{t-1})$ もほぼ等しいとみられるので、DW統計量は次の式で近似される。

$$DW \cong 2(1-r) \quad \text{(注)}$$

(注) r は一次の自己相関係数。

DWは0から4の間の値をとることが知られている。

また、典型的なケースにおいては次のような値となる。

```
正相関 r＝1    DW≅2(1−r)＝0
無相関 r＝0    DW≅2(1−r)＝2
負相関 r＝−1   DW≅2(1−r)＝4
```

DW検定は0に近い場合（正の相関）や4に近い場合（負の相関）は判断が簡単であるが、0付近（無相関）の場合にはある範囲（上限d_Uと下限d_L）で保留となるむずかしさがある。

DW検定で下記太線部分に該当する場合には相関ありとして、無相関の仮説が棄却される。

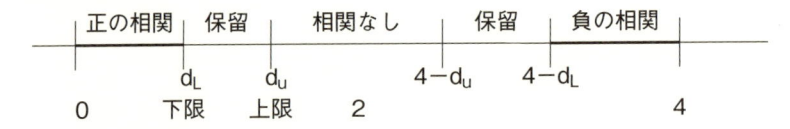

```
   正の相関 | 保留 | 相関なし | 保留 | 負の相関
 0        $d_L$   $d_U$    2    $4-d_U$  $4-d_L$        4
          下限    上限
```

4 多重共線性（マルチコ、Multicolinearity）

(1) 多重共線性

多変量回帰分析においては一般に説明変数をふやせばふやすほど表面的な説明力（決定係数R^2）が増大するが、複数の説明変数が同じ性格で相関関係の強いものである場合、回帰分析の意味がぼやけ信頼性がなくなってしまう（回帰分析においては説明変数は少なければ少ないほうがよい）。説明変数相互の相関が強く表面的な決定係数R^2の値のみが増加する現象を多重共散性と称する。

説明変数間の相関が強い場合には回帰係数が極端に大きくなったり符号±が予想と逆になったりするなど回帰係数推定結果が不安定になるという問題点がある。

(2) 多重共線性の発見方法

F検定値、決定係数R^2が高いのに各回帰係数のt検定値が低いときに多重共線性が疑われる。通常は説明変数をよく点検し原因となっている変数を

取り除くことによって解決する。

　正式には説明変数相互の回帰分析を行う。説明変数相互を回帰した際の決定係数は小さいほうがよいわけで、1－説明変数間回帰の決定係数で計算されるトレランス値が大きいほど（＞0.5であれば）回帰式が安定すると経験的にいわれている。

5　ダミー変数（Dummy Variable）

　説明変数が「性別」「同居／別居」など2値（binary）の質的変数（qualitative variable）をとるとき、0と1を用いてコード化することができる。回帰分析において用いられるこうしたコード化した変数をダミー変数（dummy variable）と呼んでいる。

6　被説明変数が質的変数の場合のモデル

　被説明変数が質的変数の場合（倒産／非倒産など）、被説明変数にダミー変数を用いる（倒産を1、非倒産を0とするなど）。こうした場合には線形の回帰分析ではなく次のような分析方法をとるのが一般的である。

(1)　**プロビット・モデル（probit model）**

　たとえば、説明変数に財務データを用い、被説明変数にダミー変数を用いるとする（倒産＝1、非倒産＝0）。財務内容が悪いほどY（倒産確率）の値が1に近づき財務内容がよいほどYが0に近づくようなモデルとすればよい。正規分布の累積分布関数（第二式）が0と1の間の値をとることを利用して、次のような設定で非線形回帰を行う（図表17－4）。

$$Z = b_0 + b_1 X_1 + \cdots + b_n X_n$$

$$Y = \Phi(Z) = \int_{-\infty}^{z} \frac{1}{\sqrt{2\pi}} e^{-\frac{u^2}{2}} du$$

（第二式右辺は$-\infty$からZまでの累積した確率を表す）

図表17-4　プロビット関数（標準正規の分布関数と同じ）

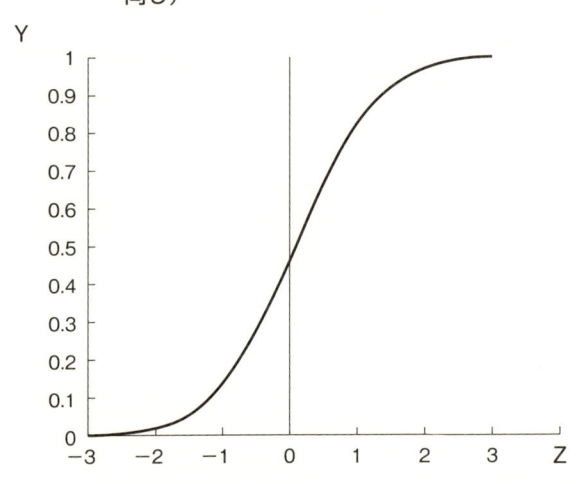

(2) ロジット・モデル（logit model）

プロビット・モデルとほぼ同じような分布を示すモデルとしてロジット・モデルがある。財務データを線形結合した線形予測子Zをロジスティック分布の分布関数たる第二式に代入すると0から1という確率を示す$P(Z)$がアウトプットされる。プロビットとロジットは近似しているがロジットのほうがプロビットよりも数的処理が簡単なので実務上よく用いられる（図表17-5）(注)。

$$Z = b_0 + b_1 X_1 + \cdots + b_n X_n$$

$$Y = P(Z) = \frac{e^Z}{1+e^Z} = \frac{1}{1+e^{-Z}}$$

(注)　上記第二式を変形すると$\ln\frac{P(Z)}{1-P(Z)} = Z$となる。オッズ比$\frac{P(Z)}{1-P(Z)}$の対数$\ln\frac{P(Z)}{1-P(Z)}$をロジットと呼ぶことからロジット・モデルと称される。

図表17-5 ロジスティック分布の分布関数

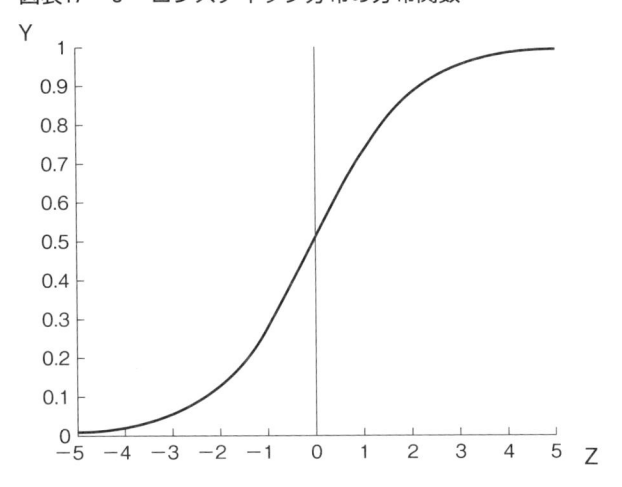

また、ロジット・モデルとプロビット・モデルの間には近似的に、$\Phi(z) \approx \dfrac{1}{1+e^{-Dz}}$、D=1.7 という関係がある。

(3) 判別分析 (discriminant analysis)

たとえば倒産/非倒産を判別するのに財務データの線形結合値 Z がある判別値より大きいか小さいかで2群（倒産/非倒産）のどちらに属するか判別する方法を判別分析と呼ぶ。倒産判別のための Edward Altman の Z score は典型的な判別分析の例である（Altman のケースでは z<1.81 なら倒産確率が高いと判断し、z>3.00 なら倒産確率は低いと判断する）。

Altman の Z score

$$= 1.2\left(\frac{運転資金}{総資産}\right) + 1.4\left(\frac{留保利益}{総資産}\right) + 3.3\left(\frac{EBIT}{総資産}\right)$$

$$+ 0.6\left(\frac{株式時価総額}{総負債}\right) + 0.999\left(\frac{売上高}{総資産}\right)$$

● 演 習

Q1 回帰分析を行っているスミス（CFA）は独立変数の1つに数期前（lagged）の被説明変数(Y)が入っているのではないかと懸念している。もし彼の懸念が本当ならばこの回帰分析にはどういうリスクがあると考えられるか。

  a 均一分散（homoskedasticity）
  b 不均一分散（conditional heteroskedasticity）
  c 時系列相関（serial correlation）

> 解答　c
> 数期前の被説明変数が説明変数のなかに入っていれば、回帰式の誤差項に時系列相関が発生し、回帰式の有効性が損なわれることになってしまう。

Q2 次の回帰分析アウトプットから決定係数を計算せよ。また多重共線性が発生しているか判断せよ。

（回帰式）
$$Y = 0.17 + 1.2X_1 + 1.4X_2 + 3.3X_3 + 1.0X_4 + \varepsilon$$

（回帰係数）

Independent variable	Description	Coefficient	Standard Error
X_1	Working capital/Total Asset ratio	1.2	0.83
X_2	Retained Earnings/Total Assets ratio	1.4	0.27
X_3	EBIT/Total Assets ratio	3.3	0.97
X_4	Sales/Total Assets ratio	1.0	0.45

(ANOVA Table)

Anova	df	SS	MSS
Regression	4	127.8	31.95
Residual	61	29.5	0.48
Total	65	157.3	

決定係数 R^2　　多重共線性

a　0.45　　　　Yes
b　0.81　　　　Yes
c　0.81　　　　No

解答　c

$$決定係数\ R^2 = \frac{SSR}{SST} = \frac{127.8}{157.3} = \underline{0.81}$$

説明変数相互に相関関係があれば多重共線性の可能性が高まる。回帰係数（傾き）のt値が小さいことはその兆候となる。本件では回帰係数のt値は1つを除いて高く（2.0を超えている）統計上有意。説明変数の性質からも説明変数相互に明白な相関はないと考えられる。よって多重共線性はない。

Q3 ダービン・ワトソン統計量に関して正しい記述を選択せよ。

a　対数線形時系列モデル（log-linear time series model）における時系列相関を検定するためのものである。

b　自己回帰時系列モデル（autoregressive time-series model）における時系列相関を検定するためのものである。

c　誤差項に時系列相関があるかどうかを断定的に判定してくれる。

解答　a

　ダービン・ワトソン検定は線形回帰時系列モデルや対数線形回帰時系列モデルにおける誤差項の時系列相関の有無を検定する。しかしながら、自己回帰時系列モデル（Autoregressive time-series model）には使えない。

　ダービン・ワトソン統計量は「保留」判断となる場合もあり断定的に相関関係を判断するものではない。

◆ 重要概念・重要公式まとめ ◆

- 分散不均一性（heteroskedasticity）

　標本データの誤差項の分散が均一でないこと。特に conditional heteroskedasticity（特定の説明変数の数値増に従い傾向的に誤差項が増加すること）は問題となることが多い。

　検定方法：ブルーシュ・ペイガン検定（Breusch-Pagan test）
- 誤差の二乗を従属変数として他の説明変数との間の回帰分析を行う。
- その回帰分析の決定係数 R^2 にサンプル数を掛けたものを検定量とする。

$$BP 検定統計量 = n \times R^2$$

- 帰無仮説は分散が均一であること。
- BP 検定統計量を χ^2（カイ二乗）分布表を用いて検定する。
- 有意に帰無仮説が棄却されたならば分散不均一と判断。
- 誤差項の自己相関／系列相関（autocorrelation, serial correlation）

　回帰式の誤差項に自己相関関係があることをいう。

検定方法：ダービン・ワトソン検定（Durbin-Watson test）

$$DW = \frac{\sum_{t=2}^{n}(\varepsilon_t - \varepsilon_{t-1})^2}{\sum_{t=2}^{n}\varepsilon_t^2}$$

DW 統計量近似式

$DW \cong 2(1-r)$

㊟　r は一次の自己相関係数。

DW 検定（判定）

正相関 $r=1$　　$DW \cong 2(1-r)=0$

無相関 $r=0$　　$DW \cong 2(1-r)=2$

負相関 $r=-1$　$DW \cong 2(1-r)=4$

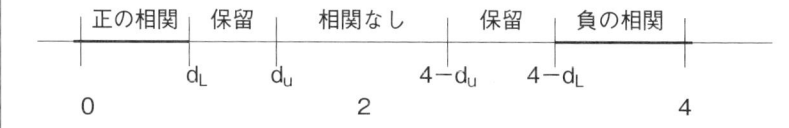

```
    | 正の相関 | 保留 | 相関なし | 保留 | 負の相関 |
────┼─────┼───┼──────┼───┼─────┤
    0        dL   du        2        4-du  4-dL       4
```

- 多重共線性（Multicolinearity）

　相互の相関が強い説明変数が複数存在するため表面的な決定係数 R^2 が増加するものの実質的な説明力が増加するわけではない現象。

　回帰係数の推定が不安定になるという問題がある。

　回帰式全体の F 検定値、決定係数 R^2 が高いのに各説明変数係数の t 検定値が低いときに多重共線性が疑われる。

- ダミー変数（Dummy variable）

　説明変数が 2 値（binary）の質的変数（qualitative variable）をとる場合に、0 と 1 を用いてコード化した変数のこと。

第 18 講

時系列分析

この講のポイント

- 時系列トレンドモデルとは何か
- 時系列トレンドモデルの問題点は何か
- 時系列 AR モデルとは何か
- 時系列 AR モデルの適合性チェック手順を説明せよ
- 時系列 AR モデルを用いて予測ができるか
- 平均回帰レベルを計算せよ
- モデルデータと検証データ
- 回帰係数の不安定性について述べよ

為替レート、商品市況、GDP などの時系列データは昨日の価格が今日の価格に、今日の価格が明日の価格に影響していると考えられる。これらの値は互いに独立しているのではなく互いに時間的に相関をもって変動していると考えられる。時系列分析はこうしたデータを対象とするものである。

1 時系列モデルとは

時系列データには次の3つのパターンがある。トレンド、周期変動、不規則変動である。これらを合成すると図表18−1右のようなパターンが現れる。

図表18-1　時系列データの合成

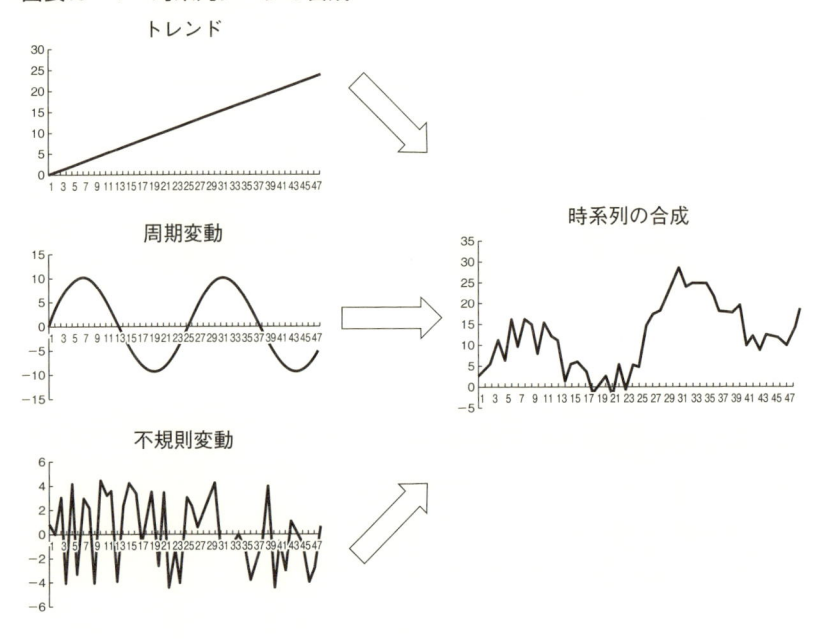

トレンド

周期変動

不規則変動

時系列の合成

　逆にいえば実際の現実にある時系列データをトレンド、周期変動、不規則変動に分解し背後にある法則性を発見することが時系列分析であるといえる。こうした分析を行うことで将来予測が可能になるのである。

2　時系列トレンドモデル（Time-series Trend Model）

　ある時点からの経過時間を説明変数として被説明変数（目的変数）の値を予測しようとするモデル。経過時間と目的変数の間に線形の関係が見出される場合、次のような式で表される。

$$Y_t = b_0 + b_1 t + \varepsilon_t$$

　　Y_t：時点 t における被説明変数の値

　　b_0：切片係数

> b_1：傾き係数
>
> ε_t：誤差項
>
> （推定したトレンド$\widehat{Y}_t = b_0 + b_1 t$で説明できない部分）

　時系列トレンドモデルは時間を説明変数とする回帰分析の1つである。しかし、このモデルには次のような問題点がある。

　このモデルは、モデルの誤差項相互に相関がない前提で回帰分析がなされている。回帰で示されるトレンドの周りにランダムにデータが分布するならよいが実際にはそうでない場合が多い。誤差項相互に系列相関があればトレンドモデルは使えない。

　自己相関／系列相関のところで述べたように、トレンド線の上にデータが集中したり、下に集中するような場合（誤差項のみを時系列的に並べた場合、誤差項が正に集中したり負に集中したりする場合）には自己相関／系列相関が疑われる。

3　対数線形モデル（Log-linear Trend Model）

　データを時系列で並べた場合に線形ではなく曲線を描くようにみえる場合（指数的に増加するデータ）がある（図表18-2）。このような場合、通常、いったんデータの対数変換を施す場合が多い。

　もし対数変化を施したデータが直線になるようであれば非線形とはいえ線形モデルで近似できる（図表18-3）。

> $\ln Y_t = b_0 + b_1 t + \varepsilon_t$
>
> すなわち
>
> $Y_t = e^{b_0 + b_1 t + \varepsilon_t}$

　経済成長などのように指数的に増加するデータは対数をとることで回帰分析が可能になる。この場合にも次の手順による確認が必要である。すなわ

図表18-2　指数的に増加するデータ

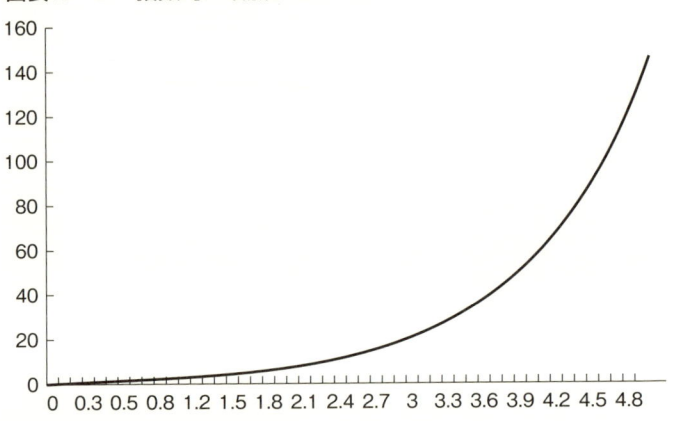

図表18-3　対数変換後のデータ

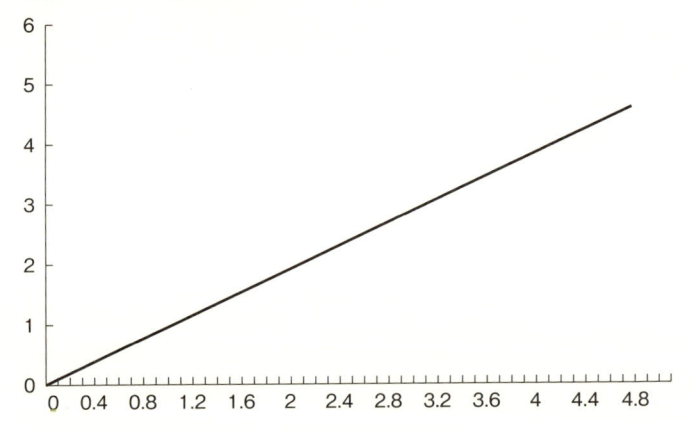

ち、

① 誤差項相互に系列相関がないことをダービン・ワトソン検定で確認する。

② 誤差項に系列相関がないことを確認したうえで、傾き係数 b_1 の t 検定を行う。

③ 系列相関がなく、b_1 が統計的に有意である（t 値が臨界値より大きい）場合にはじめて対数線形モデルが有効ということになる。

4 自己回帰型時系列モデル（AR モデル、Autoregressive Time-series Model）

(1) 自己回帰モデル

時系列データに系列相関がある場合、自己回帰モデル（AR モデル、auto-regressive time-series model）等の時系列解析モデルの登場となる。AR モデルは目的変数の変動をその自らの過去の変数で説明できることから自己回帰モデルと呼ばれている。

1時点前のデータで説明できるものを一次の自己回帰 AR(1)と呼び、1時点前と2時点前のデータで説明できるものを二次の自己回帰 AR(2)と呼ぶ。

AR(1)：$X_t = b_0 + b_1 X_{t-1} + \varepsilon_t$
AR(2)：$X_t = b_0 + b_1 X_{t-1} + b_2 X_{t-2} + \varepsilon_t$
AR(p)：$X_t = b_0 + b_1 X_{t-1} + b_2 X_{t-2} + \cdots + b_p X_{t-p} + \varepsilon_t$

（ここで誤差項は独立同一分布で正規分布に従う）

(2) 定常性（covariance stationary）

自己回帰モデルなど時系列解析を適用する重要な前提条件として定常性（covariance stationary）という概念がある。

定常性とは「時間が変わっても確率分布が不変」という意味である。定常性の要件は次の3つである（ここで E [ ] は期待値を表す）。

① データの値の期待値が一定で有限（constant and finite）。
　　$E[X_t] = \mu$
② 時系列データの分散が一定で有限。
　　$E[(X_t - \mu)^2] = \sigma^2$
③ 異なる2時点における自己相関が時点そのものではなく2時点の差のみに依存する。

$$\frac{E[(X_t-\mu)(X_s-\mu)]}{\sigma^2}=\rho_{t-s}$$

AR(1)モデルでは、

$X_t = b_0 + b_1 X_{t-1} + \varepsilon_t$

ここに1時点前の、

$X_{t-1} = b_0 + b_1 X_{t-2} + \varepsilon_{t-1}$

を順次代入すると、

$$\begin{aligned} X_t &= b_0 + b_1 X_{t-1} + \varepsilon_t \\ &= b_0 + b_1(b_0 + b_1 X_{t-2} + \varepsilon_{t-1}) + \varepsilon_t \\ &= b_0(1 + b_1 + b_1^2 + \cdots + b_1^n) + b_1^{n+1} X_{t-n-1} \\ &\quad + (\varepsilon_t + b_1 \varepsilon_{t-1} + \cdots + b_1^n \varepsilon_{t-n}) \end{aligned}$$

ここで $-1 < b_1 < 1$ であれば $n \to \infty$ のとき（　）内は収束し、期待値、共分散ともに収束する（定常状態）。収束する場合の期待値、共分散は次のとおり。

$$E[X_t] = \frac{b_0}{1-b_1} + \sum_{i=0}^{\infty} b_1^i E[\varepsilon_{t-i}] = \frac{b_0}{1-b_1}$$

$$\mathrm{Cov}(X_t, X_{t-h}) = \frac{\sigma^2 b_1^h}{1-b_1^2}$$

逆に $|b_1| \geq 1$ なら期待値も共分散も収束しない。「収束する場合」を「定常状態」と呼んでいるので、定常であるためには「$|b_1| < 1$ であること」が必要十分条件であることがわかる。

定常の要件に徴すれば、季節変動（期待値が一定でない）や分散の不均一性がある場合（共分散が一定でない、収束しない）、定常でないことになる。

(3) ARモデルの検証

単純な線形トレンドモデルとは異なりARモデル誤差項における系列相関の有無検証にはダービン・ワトソン検定は用いない。次のステップによる。

① 最小二乗法により AR モデルの回帰係数を推測する（一次の AR の場合は次の式）。

$$X_t = b_0 + b_1 X_{t-1} + \varepsilon_t$$

② 回帰係数の検定を行う（t 検定）。
③ 定常状態にある時系列モデルの誤差項相互の相関を計算する。j 次の時差（ラグ）がある誤差項の相関は次式により計算する。

$$\hat{\rho}_{\varepsilon,j} = \frac{\mathrm{Cov}_{\varepsilon_t, \varepsilon_{t-j}}}{\sigma_\varepsilon^2} = \frac{\sum_{t=j+1}^{n}\left[(\varepsilon_t - \bar{\varepsilon})(\varepsilon_{t-j} - \bar{\varepsilon})\right]}{\sum_{t=1}^{n}(\varepsilon_t - \bar{\varepsilon})^2}$$

各ラグごとの相関の標準誤差

$$s_{\hat{\rho}_{\varepsilon,j}} = \frac{1}{\sqrt{n}}$$

誤差相互の相関を検定するための t 値

$$t_{\hat{\rho}_{\varepsilon,j}} = \frac{\hat{\rho}_{\varepsilon,j} - 0}{s_{\hat{\rho}_{\varepsilon,j}}} = \hat{\rho}_{\varepsilon,j}\sqrt{n}$$

④ 誤差項の自己相関の t 検定判断を行う。5％有意水準の場合、t 値の絶対値が 2 以上であれば「誤差項の自己相関はない」という帰無仮説が棄却される（自己相関あり）。逆に t 値絶対値が 2 未満であれば帰無仮説は棄却されない（誤差項は自己相関がないということになり、めでたし、めでたし……）。
⑤ かりに誤差項に自己相関が残っていれば、回帰式で拾いつくしていないわけだから AR の次数を上げてもう 1 度 AR モデルを組み立てる必要がある。

例題 S&P500 の四半期収益率の自己相関を行ったところ、次のような結果となった。
(a) どういう自己相関の式（AR 式）となるか。
(b) 5％有意水準でみてこの方程式は有意であるといえるか。
(c) 直近の収益率が3.0％だとすれば次の 2 四半期の収益率はそれぞ

れいくらと予想されるか。

AR(1) statistical Analysis
Number of observations（観測数）　　101
R-squared（決定係数）　　0.678

	Coefficient（係数）	Standard error（標準誤差）	t-statistic（t 値）
Constant	0.025	0.012	2.08
Lag 1	0.014	0.005	2.80

1期前の値と相関あり
$t_{critical}$値を超過

Autocorrelations of the residual
（誤差項の自己相関）

Lag	Autocorrelation	Standard error	t-statistic
1	0.185	0.0995	1.859
2	0.124	0.0995	1.246
3	−0.132	0.0995	−1.327
4	0.134	0.0995	1.347

誤差項にはもはや自己相関はない
$t_{critical}$値未満

解答

(a) AR(1)モデルは以下のとおり。

$\hat{x}_t = 0.025 + 0.014 x_{t-1} + \hat{\varepsilon}_t$

（定数項は0.025、AR 一次の係数は0.014）

(b) 回帰係数は有意である（係数b_0, b_1はともに t 値が 2 より大きく統計的に有意である）。

誤差項の自己相関は上の表でみる限り一次のラグから四次のラグまで無相関である（誤差項の自己相関がないという帰無仮説を棄却できない）。

AR モデルにはダービン・ワトソン検定は用いず、上表のような誤差項の自己相関チェックを行う。

よって、この式は有意であるといえる。

(c) この AR(1)式に3.0%を代入して、

$$\hat{x}_t = 0.025 + 0.014 x_{t-1} + \hat{\varepsilon}_t = 0.025 + 0.014(0.03) = \underline{2.542\%}$$

さらにこの2.542%を代入して

$$\hat{x}_{t+1} = 0.025 + 0.014 x_t + \hat{\varepsilon}_{t+1} = 0.025 + 0.014(0.02542) = \underline{2.536\%}$$

(4) 平均回帰水準 (mean-reverting level)

時系列モデルでは値が平均より大きければ次の値は小さくなり、逆に平均より小さければ次の値は大きくなるという性質がある（平均値に次第に漸近・回帰していく）。この回帰収束していくターゲットとなる値を示すものが次の一次 AR モデルにおける平均回帰レベルである。

すべての定常な時系列モデルは平均回帰水準を有する。

$$x_{mean-reversion} = \frac{b_0}{1 - b_1}$$

例題 前述の AR(1)モデルの平均回帰水準はいくらか。

$$\hat{x}_t = 0.025 + 0.014 x_{t-1} + \hat{\varepsilon}_t$$

解答

$$x_{mean-reversion} = \frac{b_0}{1 - b_1} = \frac{0.025}{1 - 0.014} = 0.0254$$

(5) モデルデータと検証データ

時系列 AR モデルを作成したときにモデル作成用の標本データ (in-sample data) を当てはめたときの予測推定値と実績値に誤差 (in-sample forecast errors) が生じる。モデルの検証を行うに際し、モデル作成データではないデータ (out-sample data) を使って当てはまりを検証する必要がある。この際に用いられるのがRMSE (root mean square error) である。

誤差の平方和をサンプル数で割って平方根をとったもの（1個当りの誤差

の標準偏差）である。モデル比較を行う際、RMSE の小さいモデルがよいモデルと判断する。

$$\mathrm{RMSE} = \sqrt{\frac{\sum_{t=1}^{T}(x_t - \bar{x}_t)^2}{T}}$$

例題 AR(1)モデルと AR(2)モデルを作成し検証用データを用いて、誤差を測定したところ次のような結果となった。
どちらのモデルのほうが当てはまりがよいか。

Comparing AR(1) and AR(2) models					
Time	S&P 500 x_t	AR(1) error $(x_t - \hat{x}_t)$	AR(1) error Squared $(x_t - \hat{x}_t)^2$	AR(2) error $(x_t - \hat{x}_t)$	AR(2) error Squared $(x_t - \hat{x}_t)^2$
2011/1Q	3.04	0.50	0.25	−0.48	0.23
2011/2Q	−0.53	−2.59	6.71	−2.57	6.60
2011/3Q	1.78	−0.71	0.50	0.44	0.19
2011/4Q	4.01	1.49	2.22	1.35	1.82
Average			2.42		2.21
RMSE			1.56		1.49

解答

検証データで計算した推定値と実測値の誤差に関して平均平方誤差の平方根たる RMSE をみれば AR(1)が1.56であるのに対し AR(2)では1.49にとどまる。

よって AR(2)のほうが当てはまりのよいモデルという結論になる。

(6) **時系列モデルにおける回帰係数の不安定性**

時系列モデルを作成したとしても時日を経過すれば回帰係数の当てはまり

は悪くなる。環境や前提条件が変化すればなおさらである。

　時系列データ・プロットを目視して大きな流れが変化していないかをチェックする必要がある。時系列モデルで予想が可能なのは対象となる値の大きな流れが一定の期間に限るのである。

● 演 習

Q1　アナリストが次のような一次の自己回帰モデルを開発した。統計ソフトのアウトプットは以下のとおりである。

AR(1) Statistical Analysis	
No. of Observations	150
R-Squared	0.75
Standard Error	0.05
Durbin-Watson	2.07

	Coefficient	Standard Error	t-Statistic
Constant	0.560	0.004	5.07
Lag 1	0.340	0.003	4.56

Autocorrelations of the Residual

Lag	Autocorrelation	Standard Error	t-Statistic
1	0.122	0.056	2.97
2	0.085	0.034	3.45

　この一次自己回帰モデルの平均回帰水準（mean-reversion level）はいくらか。

　　a　0.61

   b   0.77
   c   0.85

解答　c

$$X_{mean-reversion} = \frac{b_0}{1-b_1} = \frac{0.56}{1-0.34} = 0.85$$

Q2　異なった期間に上記自己回帰モデルを適用するにあたってモデルの安定性が気がかりである。何を調べればよいか。
   a　回帰モデルの平均平方誤差の平方根（root mean square error）
   b　回帰係数のt値
   c　回帰係数

解答　c

回帰モデルの係数（説明変数と被説明変数の関係）は時日を経れば変化する。この懸念がある場合には、異なった期間のデータを用いて回帰係数がどう変化するか検証する必要がある。

◆ 重要概念・重要公式まとめ ◆

- 時系列トレンドモデル（Time-series Trend Model）
  - 時間を説明変数とする回帰分析。

  $Y_t = b_0 + b_1 t + \varepsilon_t$

     Y_t：時点 t における被説明変数の値
     b_0：切片係数

b_1：傾き係数

ε_t：誤差項

（推定したトレンド $\hat{Y}_t = b_0 + b_1 t$ で説明できない部分）

➢ 誤差項に系列相関があればトレンドモデルは使えない。

- 対数線形モデル（Log-linear Trend Model）

➢ 被説明変数に対数変換を施したもの。

$$\ln Y_t = b_0 + b_1 t + \varepsilon_t$$

すなわち

$$Y_t = e^{b_0 + b_1 t + \varepsilon_t}$$

➢ 誤差項に系列相関がなく（ダービン・ワトソン検定）、b_1 が統計的に有意である（t 値が臨界値より大きい）場合に対数線形モデルが有効。

- 自己回帰型時系列モデル（AR モデル、Autoregressive Time-series Model）

➢ 目的変数の変動をその自らの過去の変数で説明するモデル。

$$AR(p)$$
$$X_t = b_0 + b_1 X_{t-1} + b_2 X_{t-2} + \cdots + b_p X_{t-p} + \varepsilon_t$$

（誤差項は独立同一分布で正規分布に従う）

- 定常性（covariance stationary）

➢ 自己回帰モデルなど時系列解析を適用するに際しての重要な前提条件。定常性とは時間が変わっても確率分布が不変という意味。

➢ 定常性の要件。

① データの値の期待値が一定で有限。
$$E[X_t] = \mu$$
② 時系列データの分散が一定で有限。
$$E[(X_t - \mu)^2] = \sigma^2$$
③ 異なる2時点における自己相関が時点そのものではなく2時点の差のみに依存する。

$$\frac{E[(X_t-\mu)(X_s-\mu)]}{\sigma^2}=\rho_{t-s}$$

➢定常状態における期待値と分散。

$$E[X_t]=\frac{b_0}{1-b_1}$$

$$\mathrm{Cov}(X_t, X_{t-h})=\frac{\sigma^2 b_1^h}{1-b_1^2}$$

➢定常性の条件。

　　$|b_1|<1$ であることが必要十分条件（季節変動や分散の不均一性がある場合、定常でない）。

● AR モデルの検証

➢最小二乗法により AR モデルの回帰係数を推測する（一次の AR の場合は次の式）。

$$X_t=b_0+b_1X_{t-1}+\varepsilon_t$$

➢回帰係数の検定を行う（t 検定）。

➢定常状態にある時系列モデルの誤差項相互の相関を計算する。

（誤差項の相関係数）

$$\hat{\rho}_{\varepsilon,j}=\frac{\mathrm{Cov}_{\varepsilon_t,\varepsilon_{t-j}}}{\sigma_\varepsilon^2}=\frac{\sum_{t=j+1}^{n}[(\varepsilon_t-\bar{\varepsilon})(\varepsilon_{t-j}-\bar{\varepsilon})]}{\sum_{t=1}^{n}(\varepsilon_t-\bar{\varepsilon})^2}$$

（相関係数の標準誤差）

$$s_{\hat{\rho}_{\varepsilon,j}}=\frac{1}{\sqrt{n}}$$

（誤差項の相関係数検定のための t 値）

$$t_{\hat{\rho}_{\varepsilon,j}}=\frac{\hat{\rho}_{\varepsilon,j}-0}{s_{\hat{\rho}_{\varepsilon,j}}}=\hat{\rho}_{\varepsilon,j}\sqrt{n}$$

➢誤差項の自己相関の t 検定判断を行う。

　　5％有意水準で、t 値絶対値が 2 未満であれば帰無仮説は棄却されず、

　　　　　→「誤差項は自己相関がない」
　　　　　→「ARモデルの回帰係数で説明しつくされている」
● 平均回帰水準（mean-reverting level）
　すべての定常な時系列モデルはある値に中心回帰していく。
　回帰収束していく値が平均回帰水準。定常状態における期待値と同じ式。

$$x_{\text{mean-reversion}} = \frac{b_0}{1-b_1}$$

● 検証データによるモデル比較
　RMSE（推定値と実測値の誤差）の小さいモデルがよいモデル。

$$\text{RMSE} = \sqrt{\frac{\sum_{t=1}^{T}(x_t - \bar{x}_t)^2}{T}}$$

第 19 講

時系列分析（その2）

この講のポイント

- ランダム・ウォークと定常性について説明せよ
- 非定常性と単位根について説明せよ
- 季節性ある時系列モデルの検定はどうやって行うか
- 季節性をどうやって修正するか

1 ランダム・ウォーク（Random Walk）

AR(1)モデルで定数項 b_0 が 0 で一次の係数 b_1 が 1 の時系列モデルをランダム・ウォーク（random walk）と呼ぶ。今日の値が明日の値の最良の期待値である、という格好となっている。ランダム・ウォークの例としては為替や株価があげられる。

$$x_t = x_{t-1} + \varepsilon_t$$
$$E[x_t] = x_{t-1}$$

これに対し、トレンド（毎期、定数分だけ増加／減少する）のある場合、次のようなかたちとなり、ドリフト項付ランダム・ウォーク（random walk with a drift）と呼ばれる。

$$x_t = b_0 + x_{t-1} + \varepsilon_t$$

ランダム・ウォーク・モデルは AR モデルとは異なる。

① b_1 が 1 であるために平均回帰水準 ($x_{\text{mean-reversion}} = \dfrac{b_0}{1-b_1}$) は収束しない (mean-reverting level is undefined)。

② 時間が経過すればするほど x_t の分散は上限なしに拡大する (ランダム・ウォークは不均一分散 heteroskedastic)。

③ 平均回帰水準は一意に定まらず、分散も一定ではないので定常ではない (not covariance stationary)。

2　ランダム・ウォークに対する差分処理

ランダム・ウォークは定常ではないので、AR(1)モデルで行った回帰係数の t 検定等の手続は有効ではない。ランダム・ウォークを定常にする方法として差分をとるということが通常行われる。これにより元のデータ x_t が定常でなくとも差分 $y_t (= \Delta x_t)$ は定常となる。

$$(x_t - x_{t-1}) = b_0 + b_1(x_{t-1} - x_{t-2}) + \varepsilon_t$$
$$\Delta x_t = b_0 + b_1 \Delta x_{t-1} + \varepsilon_t$$
$$y_t = b_0 + b_1 y_{t-1} + \varepsilon_t$$

単純なドリフトなしのランダム・ウォークの場合、差分 y_t の期待値は 0 であるはずだから ($x_t = x_{t-1} + \varepsilon_t$, $y_t = \varepsilon_t$) $b_0 = 0$, $b_1 = 0$ ということになる。

平均回帰水準は、

$$\frac{b_0}{1-b_1} = \frac{0}{1-0} = 0$$

差分の分散は一定で均一となる (homoskedastic)。よって、差分は定常性 (covariance stationary) をもつことになる。

3　非定常性の検討：単位根検定 (Unit Root Test)

(1) 単位根 (unit root)

時系列データがもし定常性をもつならば、一次の差分（1期前との差）、二次の差分（2期前との差）とラグ数をふやすほど徐々に高次ラグは有意でなくなるか高次ラグの係数は0に近づく。定常であるためには一次の自己相関係数は1.0より小さくなければならない。

逆に、一次の自己相関の係数が1.0のときにはランダム・ウォークとなるので定常ではない。

ラグの係数が1でないという帰無仮説が棄却されるとき（係数が1のとき）、単位根をもつ (a unit root) という言い方をする。

単位根をもつならば、
① 定常ではない (not covariance stationary)。
② そのモデルによる統計的な結論は正しくない (incorrect statistical conclusion)。
③ モデルによる決定は信頼性がない (unreliable decision)。
④ データは定常なものに変換 (should be transformed) する必要がある。

時系列データが単位根をもつかどうかの検定には Dicky and Fuller 検定を行う。

(2) Dicky and Fuller 検定

AR(1)モデルの場合の回帰式は以下のとおり。

$$x_t = b_0 + b_1 x_{t-1} + \varepsilon_t$$

両辺から1期前の値 x_{t-1} を差し引くと、

$$x_t - x_{t-1} = b_0 + b_1 x_{t-1} - x_{t-1} + \varepsilon_t$$

$$x_t - x_{t-1} = b_0 + (b_1 - 1) x_{t-1} + \varepsilon_t$$

ここで $g_1=(b_1-1)$ と置くと、

$x_t - x_{t-1} = b_0 + g_1 x_{t-1} + \varepsilon_t$ ……①

$b_1 = 1 \Leftrightarrow g_1 = 0$ であるから

H_0 : $b_1 = 1$

H_1 : $b_1 < 1$

の仮説設定は、

H_0 : $g_1 = 0$

H_1 : $g_1 < 0$

に置き換えられる。

　この帰無仮説に基づいて t 検定を行うことで $g_1 = 0$ である、$b_1 = 1$ である、すなわち単位根をもつという帰無仮説を検定することができる。左辺が差分である回帰式①式の傾き g_1 が 0 でなければ（傾きが有意であれば）、単位根をもたず、定常ということになる。

　逆に、帰無仮説が棄却できなければ、単位根をもち、定常ではないということになる。

4　季節性ある時系列モデル

　もし時系列データが季節性、周期性（小売りにおける年末商戦等）をもっているならば同データは定常ではない。定常でなければ AR(1)などの自己回帰モデルは使えない。

(1) 季節性の検定

時系列データの季節性検定は次のようにして行う。

① 週次、月次、四半期データを用いて自己回帰モデルをつくる。

② 回帰誤差が1年前の誤差と自己相関が高いかどうかを検討する。

もし、1年前の誤差との自己相関が高ければ、季節性があることになる。

　例題　四半期ごとの収益の時系列データがあるとする。差分が一次の自己回帰をするという次のような AR(1)モデルを立てた。

$$y_t = \Delta EPS = (EPS_t - EPS_{t-1}) = b_0 + b_1(EPS_{t-1} - EPS_{t-2}) + \varepsilon_t$$

分析結果は以下のとおり。このデータには季節性が残っているか。

AR(1) analysis of first differences in quarterly EPS

No. of Observations　40
R-Squared　0.87
Standard Error　3.34
Durbin-Watson　1.19

	Coefficient （係数）	Standard Error （標準誤差）	t-Statistic （t 値）
Constant	0.03	0.003	10.00
Lag 1	0.05	0.012	4.17

→ 1期前の値と相関あり

Autocorrelations of the Residual
（誤差項の自己相関）

Lag	Autocorrelation	Standard Error	t-Statistic
1	0.028	0.1580	0.177
2	0.012	0.1580	0.076
3	−0.032	0.1580	−0.203
4	0.679	0.1580	4.300

→ 誤差項にまだ自己相関が残っている

解答

誤差項をみるとラグ 4（1年前）の誤差項と自己相関が高い（t 値は4.3と目安となる2.0を超える）。

すなわち季節性があるということになる。

(2) **季節性の修正**

自己回帰モデルに季節性がみられるときのモデルの修正手順は以下のとおり。

① 1四半期前のデータのみならず 4 四半期前のデータとの自己相関もあるわけだから、この 2 つの変数を説明変数とする自己回帰モデルを立てる。

$$x_t = b_0 + b_1 x_{t-1} + b_2 x_{t-4} + \varepsilon_t$$

たとえば、収益の差分に自己相関がある前述例の場合

$$y_t = \Delta EPS = (EPS_t - EPS_{t-1})$$
$$= b_0 + b_1(EPS_{t-1} - EPS_{t-2}) + b_2(EPS_{t-4} - EPS_{t-5}) + \varepsilon_t$$

② この自己回帰モデルの誤差項の自己相関を再び検討し誤差に季節性の相関がないことを確認する。

例題 一次のラグと四次のラグに自己相関をもつ AR(2)モデルを立て検討してみたところ次のとおりとなった。このモデルは時系列データを適切に説明するモデルとなっているか。

	Coefficient （係数）	Standard Error （標準誤差）	t-Statistic （t 値）
Constant	0.025	0.013	1.92
Lag 1	−0.031	0.014	−2.21
Lag 4	0.821	0.317	2.59

1 期前の値と 4 期前の値に相関あり

Autocorrelations of the Residual
（誤差項の自己相関）

Lag	Autocorrelation	Standard Error	t-Statistic
1	0.003	0.1580	0.019
2	0.011	0.1580	0.070
3	−0.024	0.1580	−0.152
4	0.098	0.1580	0.620

（t-Statistic欄に注記）誤差項にもう何も自己相関は残っていない

解答

本件では AR(2)モデルの回帰係数（傾き）のt値絶対値は2.0を超えており、一方、誤差項にはもう自己相関は残っていない（回帰係数で語りつくしている）。

よって季節性も含めて適切に説明するモデルとなっている。

(3) **季節性ラグを含むモデルによる予測**

上記モデルを用いて最終四半期の値を予測すれば下記のとおり。

（データ）

Quarter	EPS
2009/1Q	$0.23
2009/2Q	0.25
2009/3Q	0.28
2009/4Q	0.48
2010/1Q	0.30
2010/2Q	?

（注記）2009/1Q と 2009/2Q：4期前の差分
2009/4Q と 2010/1Q：1期前の差分

差分を AR(2)式を使って算出する。

$\Delta \text{EPS} = (\text{EPS}_t - \text{EPS}_{t-1})$
$= b_0 + b_1(\text{EPS}_{t-1} - \text{EPS}_{t-2}) + b_2(\text{EPS}_{t-4} - \text{EPS}_{t-5}) + \varepsilon_t$
$= 0.025 - 0.031(0.30 - 0.48) + 0.821(0.25 - 0.23)$
$= \underline{\$ 0.047}$

次に差分を使って求める値を計算する。

$\text{EPS}_t = \text{EPS}_{t-1} + \Delta \text{EPS} = \$ 0.30 + \$ 0.047 = \underline{\$ 0.347}$

● 演 習

Q1 ランダム・ウォークモデルを一次の自己回帰モデルへと変換するために一次の差分をとることとした。b_0、b_1 はどういう値になると推測されるか。

	b_0	b_1
a	0	0
b	0	1
c	1	0

解答　a

ランダム・ウォークは AR(1)で定数項 $b_0=0$、一次の係数 $b_1=1$ のモデルをいう。よって1階差分をとった場合には b_0、b_1 は0となる。
（1期前の値が今期の最適な推定値であるのだから差分をとれば誤差項は正規乱数になる）$x_t = x_{t-1} + \varepsilon_t$ ゆえ、差分 $= x_t - x_{t-1} = \varepsilon_t$

Q2 一次の自己回帰モデルを推定して以下のような式を導き出した。

$x_t = b_0 + b_1 x_{t-1} + \varepsilon_t$

もしモデルが単位根をもつとすれば b_1 はいくらだと推定されるか、また

共分散はどういう状態にあるか。

	b_1	Covariance
a	0	定常
b	1	定常
c	1	非定常

> **解答　c**
> 単位根をもつとき、定義により $b_1=1$ で、非定常である。

Q3　一次の自己回帰モデルが単位根をもつかどうか Dicky and Fuller 検定を行うことにした。t 値を調べたところ回帰係数が有意であるという結果が出た。回帰係数、共分散に関してどう判断すればよいか。

	Regression Coefficient	Covariance
a	ゼロでない	定常
b	ゼロ	非定常
c	ゼロでない	非定常

> **解答　a**
> Dicky and Fuller 検定は単位根をもつという帰無仮説を検定するもの。この検定において統計的に有意という結果が出たのだから、単位根が存在するという帰無仮説を棄却する。すなわち、これは一次の自己回帰モデルが定常であることを示唆する。

◆ 重要概念・重要公式まとめ ◆

- ランダム・ウォーク (random walk)
  AR(1)モデルで定数項 b_0 が0で一次の係数 b_1 が1の時系列モデル。
  $$x_t = x_{t-1} + \varepsilon_t$$
  $$E[x_t] = x_{t-1}$$
- ドリフト項付ランダム・ウォーク (random walk with a drift)
  $$x_t = b_0 + x_{t-1} + \varepsilon_t$$
- ランダム・ウォーク・モデルの AR モデルとの相違点
  ① b_1 が1であるために平均回帰水準 ($x_{mean-reversion} = \dfrac{b_0}{1-b_1}$) は収束しない (mean-reverting level is undefine)。
  ② 時間が経過すればするほど x_t の分散は上限なしに拡大する (ランダム・ウォークは不均一分散 heteroskedastic)。
  ③ 平均回帰水準は一意に定まらず、分散も一定ではないので定常ではない (not covariance stationary)。
- ランダム・ウォークに対する差分処理
  ランダム・ウォークを定常にするために差分をとる。
  元のデータ x_t が定常でなくとも差分 $y_t (=\Delta x_t)$ は定常。
  $$\Delta x_t = b_0 + b_1 \Delta x_{t-1} + \varepsilon_t$$
  $$y_t = b_0 + b_1 y_{t-1} + \varepsilon_t$$
- 単位根 (unit root)
  時系列データのラグの係数が1のとき、単位根をもつという。
  単位根をもつならば、
  ① 定常ではない (not covariance stationary)。
  ② そのモデルによる統計的な結論は正しくない (incorrect statistical

conclusion)。
③ モデルによる決定は信頼性がない（unreliable decision）。
④ データは定常なものに変換（should be transformed）する必要がある。

- Dicky and Fuller 検定（単位根の有無検定）
  ➢ AR(1)モデルの場合の回帰式
    $x_t = b_0 + b_1 x_{t-1} + \varepsilon_t$
    差分をとり、$g_1 = (b_1 - 1)$ と置くと、
    $x_t - x_{t-1} = b_0 + g_1 x_{t-1} + \varepsilon_t$
  ➢ 仮説設定
    $H_0 : g_1 = 0$
    $H_1 : g_1 < 0$
  ➢ 検定
    t 検定の結果、帰無仮説が棄却されれば AR モデルは単位根をもたず、定常。

- 季節性ある時系列モデル
  時系列データの誤差項が季節性、周期性をもつならば定常ではない。
  定常でなければ AR 等の自己回帰モデルを使えない。

- 季節性の検定
  ① 週次、月次、四半期データ等により自己回帰モデルを作成。
  ② 回帰誤差が1年前の誤差と自己相関が高いかどうかを検定。
  ③ 1年前の誤差との自己相関が高ければ季節性あり。

- 季節性の修正
  ① 自己相関ある変数（1四半期前、4四半期前のデータなど）を説明変数とする自己回帰モデル作成。
    $x_t = b_0 + b_1 x_{t-1} + b_2 x_{t-4} + \varepsilon_t$
  ② この自己回帰モデルの誤差項の自己相関を再度検討、誤差に季節

性の相関がないことを確認。

第 20 講

時系列分析（その3）

この講のポイント

- 自己回帰移動平均 ARMA モデルとは何か
- 自己回帰不均一分散 ARCH モデルとは何か
- 時系列モデルでのモデル選択手順について述べよ

1 移動平均モデル（Moving-average Models）、自己回帰移動平均モデル（Autoregressive Moving-average Models）

ある時点の値が過去の移動平均となっている場合

$$\text{n period moving average} = \frac{x_t + x_{t-1} + \cdots + x_{t-(n-1)}}{n}$$

ラグ数 q の移動平均で測られる移動平均モデルは MA(q) と表示される。過去の誤差の影響が次々残るという前提のモデルである。

一次の移動平均モデル MA(1) は次の式で表現される。

$$x_t = \varepsilon_t + \theta \varepsilon_{t-1}$$

さらに自己回帰モデル（AR, p 次）と移動平均モデル（MA, q 次）をあわせたモデルを自己回帰移動平均モデル ARMA（p, q）と呼ぶ。

$$x_t = b_0 + b_1 X_{t-1} + \cdots + b_p X_{t-p} + \varepsilon_t + \theta_1 \varepsilon_{t-1} + \cdots + \theta_q \varepsilon_{t-q}$$

これは時系列モデルの一般形ではあるが、
① ARMA モデルのパラメータは不安定であること
② 次数（p, q）の選択が恣意的に行われやすく、次数を変えるとかなり異なったモデルができること
③ 予測精度が必ずしも高くないこと

等あり、実際には ARMA モデルによる結論は懐疑的なものであることが多い。

2　自己回帰不均一分散モデル（Autoregressive Conditional Heteroskedasticity, ARCH）

回帰モデルの前提として誤差分散の均一性があった。もし誤差分散が不均一（heteroskedasitic）であれば AR、MA、ARMA モデルなどの傾きの標準誤差に偏りが生じ傾きの t 値ひいてはモデルの信頼性が失われる。

(1) ARCH test

AR、MA、ARMA モデルにおいて誤差分散が不均一でないかどうかの検定を ARCH test と呼ぶ。誤差項を二乗したものどうしを回帰して回帰関係があるかどうかをみるものである。ARCH(1)であれば次のような回帰式となる。

$$\hat{\varepsilon}_t^2 = a_0 + a_1 \hat{\varepsilon}_{t-1}^2 + u_1$$

この ARCH(1)式で傾き係数 a_1 が統計的に有意であれば、誤差が ARCH (1)に従っていると判断され、対象となる AR、MA、ARMA モデルは使え

ない。

例題 ある AR(2)モデルの有効性を検証するために誤差項の ARCH(1) テストを行った。結果は次のとおりである。5％有意水準で誤差項の ARCH(1)テストを行えばどういう結論となるか。

ARCH(1) Test Results

	No. of Observations		40	
	R-Squared		0.09	
	Standard Error		0.327	
	Durbin-Watson		1.69	
	Coefficient		Standard Error	t-Statstic
Constant	a_0	0.056	0.011	5.09
Lag 1	a_1	0.005	0.001	5.00

解答

Lag 1 係数（傾き）を 5％有意水準でt検定を行えばt値は5と目安となる2.0を大きく超えており、統計的に有意である。したがって誤差項は ARCH(1)に従うと判断される。元の AR(2)モデルは正しくなくこれに基づく予測の信頼性は低いと結論される。

(2) **ARCH モデルでの分散の推定**

モデルが ARCH(1)に従うとすればt＋1 期の誤差項の分散は次のように推定される。

$$\hat{\sigma}_{t+1}^2 = \hat{a}_0 + \hat{a}_1 \hat{\varepsilon}_t^2$$

（$\hat{a}_0$, $\hat{a}_1$ は誤差項の ARCH(1)テストを行ったときの回帰係数）

誤差項が ARCH(1)に従えば次の期の誤差項は一段と大きくなる。時日を経るほど誤差が大きくなり時系列データの予測がむずかしくなってしまう。

3　多変量時系列のときの回帰分析

　変量が1つのときには時系列データが定常であるかどうかは単位根の有無で検定できた（単位根がなければ定常）。単位根があり、非定常であれば、定常時系列モデルを当てはめることはできない。

　変量が2つあり、ともに時系列データとなっている場合はどうか。

　「たとえ各変量の時系列データが単位根をもっていたとしても2つの時系列が cointegrated な関係にあるならばモデルは有効である」

　2つの時系列データが長期的にみて同じようなトレンドを示している場合に相互に関係がないかどうか次式で示すモデルを想定してテストすることになる。

　（単位根をもつとしてもあきらめるのはまだ早い。cointegration があれば時系列モデルを適用できるかもしれない。救いの可能性がある。）

$$y_t = b_0 + b_1 x_t + \varepsilon_t$$

　この cointegration モデルに基づいて回帰が行われ、別途 Dickey-Fuller 検定で単位根の検定が行われる。しかしながら Eagle and Granger による異なる臨界値で回帰係数の t 検定が行われる。この cointegration モデルでの単位根が棄却されれば（この cointegration モデルが定常だと判断されれば）2つの時系列データは cointegrated だということになる。しかしながら、元

図表20-1　2変量時系列データでの回帰モデル有効性判断

		X データが単位根をもつか	
		Yes	No
Y データが単位根をもつか	Yes	Cointegration テストを行う	回帰は無効
	No	回帰は無効	回帰は有効

のデータそれぞれが単位根をもち、加えて cointegration モデルも定常でないと判断された場合には救いがなく推定された時系列回帰モデルは信頼性がないと判断される。

4　モデル選択

既往述べたように時系列データに関してさまざまなモデルが考えられる。順次復習して要点を述べれば次のとおり。

(1)　線形時系列モデル

時間を説明変数として線形関係がある場合

$y_t = b_0 + b_1 t + \varepsilon_t$

データに線形関係がないようにみえても自然対数変換を施すことで線形になることがある（対数時系列）。これも広い意味での線形時系列である。

$\ln y_t = b_0 + b_1 t + \varepsilon_t$

(2)　自己回帰モデル AR(p)

一次の自己回帰モデル AR(1) が当てはまる場合には次の式が適用される。

$x_t = b_0 + b_1 x_{t-1} + \varepsilon_t$

このモデルの有効性はひとえに誤差項次第である。誤差項に自己回帰があればとりあえず推定した自己回帰モデルも無効である。ただし自己回帰モデルにおける誤差項の自己回帰の検定にはダービン・ワトソン検定は使えない。誤差項相互の回帰分析を行う（一次ラグ、二次ラグ、三次ラグ……の誤差項）。誤差項に自己相関がない AR(p) モデルに到達すればその AR(p) モデルは有効である。

(3)　季　節　性

時系列データが季節性を示す場合がある。季節ラグを説明変数に加えることで解決する場合が多い。データの差分をとることで（対数変換後差分をとる場合もある）定常性が確保され AR(p) などの時系列モデルを適用できる場合もある。

(4) **移動平均モデル MA(q)、自己回帰移動平均モデル ARMA (p, q)**

誤差項の影響が積み重なる移動平均モデル MA(q)は次のとおり。

$$x_t = \varepsilon_t + \theta_1 \varepsilon_{t-1} + \cdots + \theta_q \varepsilon_{t-q}$$

自己回帰モデルと移動平均モデルを合算した ARMA (p, q) モデルは次のとおり。

$$x_t = b_0 + b_1 X_{t-1} + \cdots + b_p X_{t-p} + \varepsilon_t + \theta_1 \varepsilon_{t-1} + \cdots + \theta_q \varepsilon_{t-q}$$

(5) **分散の不均一性テスト ARCH(1)**

AR(p)モデルなどを推定した場合でも誤差分散の均一性には注意を要する。誤差が不均一分散を示すときには誤差の二乗どうしの回帰の有無をチェックする ARCH(1)テストを行う。平方誤差が自己回帰すれば（回帰係数の t 値が有意に大きければ）分散不均一ということになり元の AR(p)モデル等は不適当と判断される。

(6) **検証用データ**

モデル作成用データ（in-sample data）以外の検証用データ（out-of sample data）でモデルを検証することも重要である。異なったモデル相互比較では検証データを用いた優劣判断が有効である（AR(1)と AR(2)の比較など）。その際、誤差平方を平均化した RMSE の小さいモデルを選択する。

◆ 重要概念・重要公式まとめ ◆

- 移動平均モデル MA(q)

$$\text{n period moving average} = \frac{x_t + x_{t-1} + \cdots + x_{t-(n-1)}}{n}$$

$$x_t = \varepsilon_t + \theta_1 \varepsilon_{t-1} + \cdots + \theta_q \varepsilon_{t-q}$$

- 自己回帰移動平均モデル ARMA (p, q)

$$x_t = b_0 + b_1 X_{t-1} + \cdots + b_p X_{t-p} + \varepsilon_t + \theta_1 \varepsilon_{t-1} + \cdots + \theta_q \varepsilon_{t-q}$$

- 自己回帰不均一分散の検定 ARCH test

AR、MA、ARMA モデルにおいて誤差分散が不均一でないかどうかの検定を ARCH test と呼ぶ。

ARCH(1)回帰式

$\hat{\varepsilon}_t^2 = a_0 + a_1 \hat{\varepsilon}_{t-1}^2 + u_1$

ARCH(1)式の傾き係数 a_1 が統計的に有意であれば、誤差が ARCH(1)に従うと判断され（分散不均一性あり）対象となる AR、MA、ARMA モデルは使えない。

- 2変量時系列データでの回帰モデル有効性判断

		X データが単位根をもつか	
		Yes	No
Y データが単位根をもつか	Yes	Cointegration テストを行う	回帰は無効
	No	回帰は無効	回帰は有効

事項索引

【A〜Z】

alternative hypothesis 143
Annual Percentage Rate 6
Annuity due 12
ANOVA Table 187
APR 6
ARCH 242
ARCH test 242
Arithmetic Mean 36
AR モデル 217
autocorrelation .... 199、202
Autoregressive Conditional
　Heteroskedasticity 242
Autoregressive Moving-average
　Models 241
Autoregressive Time-series
　Model 217
Bay's Theorem 68
Bernoulli trial 98
BEY 7
Bond Equivalent Yield 7
Breusch-Pagan test 201
cap 59
cdf 96
Central Limit Theorem 129
Chi-square testing 165
Coefficient of Determination 189
Coefficient of Variation 44
cointegration 244
collectively exhaustive 59
Combination 91
complement 58
compound 2
comulative distribution function 96
conditional heteroskedasticity 200
Conditional probability 61
confidence coefficient 107
confidence interval .... 107、144
consistent estimator 128
continuous compounding 17
correlation analysis 76
correlation coefficient 77
covariance .... 78、79
covariance stationary 217
cup 58
data snooping 84
data-mining 84
data-mining bias 135
default risk 2
dependent variable 75
Descriptive Statistics 31
Dicky and Fuller 検定 231
discount rate 2
discriminant analysis 207
dispersion 41
Dollar-Weighted Rate of Return 23
Dummy Variable 205
Durbin-Watson statistic 203
EAR 6
Effective Annual Rate 6
efficient estimator 128
elementary event 58
estimator 126
event 58
Excess Kurtosis 51
experiment 57
explainable variable 75

事項索引　249

explained variable	75
Factorial	89
frequency polygon	34
Future Value	3
Future Value of Ordinary Annuity	8
FVOA	8
F 検定	171、190
Geometric Mean	36
Harmonic Mean	38
heteroskedasticity	199
histogram	34
Holding Period Return	22
hypothesis testing	143
independent	59
independent variable	75
Inferential Statistics	32
in-sample data	221
Internal Rate of Return	20
intersection	59
Interval scale	32
IRR	20
Joint probability of independent events	63
kurtosis	50
Labeling Problem	92
leptokurtic	51
liquidity risk	2
logit model	206
Log-linear Trend Model	215
look-ahead bias	135
lower confidence limit	131
Mean Absolute Deviation	41
mean-reverting level	221
mean sum of the squares for the error terms	189
mean sum of the squares for the regression	188
Measurement scale	32
Median	39
Method of Least Squares	178
Mode	41
Monte Carlo simulation	116
Moving-average Models	241
MSE	189
MSR	188
multicolinearity	199、204
Multinomial Coefficient	92
mutually exclusive	59
Net Present Value	19
Nominal Rates	6
Nominal scale	32
Normal Distribution	105
normalization	109
null hypothesis	143
odds	59
One-Tailed Test	147
opportunity cost	2
Ordinal scale	32
outlier	84
out-sample data	221
pdf	96
Permutation	90
platykurtic	51
point estimation	129
population	33
population mean	126
Population Standard Deviation	43
Population Variance	43、126
Present Value of Ordinary Annuity	10
probability	57
probability density function	96
probability function	95
probit model	205

PVOA	10	Standard Deviation	42
random sampling	33	Standard Error	129
random variable	57、95	Standard Error of Estinate	180
Random Walk	229	standard normal distribution	108
Random Walk with a drift	229	statistic	126
Range	41	statistically significant	144
Ratio scale	33	stratified random sampling	126
real risk-free rate	2	subset	58
regression amount of variation	188	systematic sampling	126
regression analysis	75	The Binomial Distribution	98
regression equation	75	the confidence interval of the predicted value	181
regression sum of the squares	188	The Continuous Uniform Distribution	100
relative frequency	34		
required rate of return	2	The Discrete Uniform Distribution	97
residuals amount of variation	188		
risk premium	2	the general addition rule	60
RMSE	222	The Longnormal Distribution	113
Roy's safety-first criterion	112	The power of the test	150
R-square	189	the variance of the predicted value	180
sample	33		
sample mean	126	time-period bias	135
sample-selection bias	135	Time-series Trend Model	214
sample size	125	time value	1
Sample Standrd Deviation	43	Time-Weighted Return	23
sample variance	43、126	total amount of variation	189
Sampling	125	total sum of squares	189
sampling distribution	126、127	Two-Tailed Test	147
sampling error	126、127	Type Ⅰのエラー	149
scatter plot	76	Type Ⅱのエラー	149
SEE	180	t 検定	148
Serial Correlation	202	t 分布	133
Sharp Ratio	47	unbiased estimator	128
Shortfall risk	112	union	58
simple random sampling	126	unit root	231
skewness	49	Unit Root Test	231
spurious correlation	84	upper confidence limit	131
SST	189		

variability ……………………………… 41
Variance ……………………………… 42
Venn Diagram ………………………… 60
z 検定 …………………………………… 148
χ^2（カイ二乗）検定 ………………… 165

【い】

一致推定量 …………………………… 128
移動平均モデル ……………………… 241
イベント・ダイアグラム …………… 65

【お】

オッズ …………………………………… 59

【か】

回帰係数 ……………………………… 177
回帰係数の検定 ……………………… 182
回帰係数の信頼区間 ………………… 182
回帰分析 ………………………… 75、177
回帰平方和 …………………………… 188
回帰変動 ……………………………… 188
回帰方程式 …………………………… 75
階乗 ……………………………………… 89
確率 ……………………………………… 57
確率関数 ……………………………… 95
確率の加法法則 ……………………… 60
確率の乗法公式 ……………………… 63
確率分布関数 ………………………… 96
確率変数 ………………………… 57、95
確率密度関数 ………………………… 96
仮説検定 ……………………………… 143
片側検定 ……………………………… 147
下方信頼限界 ………………………… 131
間隔尺度 ……………………………… 32
緩尖な分布 …………………………… 51

【き】

機会費用 ………………………………… 2
幾何平均 ……………………………… 36
期間バイアス ………………………… 135
棄却域 ………………………………… 144
記述統計 ……………………………… 31

期初払年金……………………12
季節性………………………232
帰無仮説……………………143
急尖な分布……………………51
共分散……………………78、79
共変関係………………………80
金額加重収益率………………23

【く】

空事象…………………………58
空集合…………………………58
区間推定……………………130
組合せ…………………………91

【け】

系統サンプリング…………126
系列相関……………………202
決定係数……………………189
検出力………………………150
検証データ…………………221

【こ】

根元事象………………………58

【さ】

最小二乗法…………………178
最頻値…………………………41
残差変動……………………188
算術平均………………………36
散布図…………………………76
サンプル・エラー…………127

【し】

時間加重収益率………………23
時間価値………………………1
時系列トレンドモデル……214
時系列モデル………………213

試行……………………………57
自己回帰移動平均モデル…241
自己回帰型時系列モデル…217
自己回帰不均一分散モデル…242
自己回帰モデル……………217
自己相関………………199、202
事象……………………………58
実効金利………………………6
実質リスクフリー金利………2
四分位点………………………48
シャープ・レシオ……………47
周期性………………………232
従属変数………………………75
順序尺度………………………32
順列……………………………90
条件付確率……………………61
上方信頼限界………………131
将来価値………………………3
ショートフォールリスク…112
信頼区間……………107、130、144
信頼係数……………………107

【す】

推測的統計……………………32
推定値………………………126
推定値の標準誤差…………180

【せ】

正規分布……………………105
セーフティ・ファースト比率…113
積事象…………………………59
積集合…………………………59
説明変数………………………75
全確率の法則…………………60
全事象…………………………58
尖度……………………………50
全変動………………………189

事項索引　253

【そ】

相関係数……………………………77
相関係数の検定……………………83
相関分析……………………………76
相互排他的事象……………………59
相対度数……………………………33
層別ランダム・サンプリング……126
測定尺度……………………………32

【た】

ダービン・ワトソン検定………203
ダービン・ワトソン統計量………203
対数正規分布……………………113
対数線形モデル…………………215
対立仮説…………………………143
多項係数……………………………92
多重共線性…………………199、204
ダミー変数………………………205
ダラーコスト平均法………………38
単位根……………………………231
単位根検定………………………231
単純ランダム・サンプリング……126

【ち】

チェビシェフの不等式……………45
中央値………………………………39
中心極限定理……………………129
超過尖度……………………………51
調和平均……………………………38

【て】

定常性……………………………217
データマイニング・バイアス……135
デフォルトリスク……………………2
点推定……………………………129

【と】

統計量……………………………126
等分散性の検定…………………171
独立事象……………………………59
独立変数……………………………75
度数多角形…………………………34
ドリフト項付ランダム・ウォーク
　……………………………………229

【な】

内部収益率…………………………20

【に】

二項分布……………………………98

【ね】

ネット・プレゼント・バリュー……19
年金の現在価値……………………10
年金の将来価値……………………8

【は】

パーセンタイル点…………………48
外れ値………………………………84
ばらつき……………………………41
範囲…………………………………41
判別分析…………………………207

【ひ】

ヒストグラム………………………34
ヒストリカル・シミュレーション
　……………………………………117
被説明変数…………………………75
標準化………………………106、109
標準誤差…………………………129
標準正規分布………………106、108
標準偏差……………………………42

標本·····························33
標本誤差························126
標本選択バイアス·············135
標本抽出························125
標本標準偏差····················43
標本分散···················43、126
標本分布················126、127
標本平均························126
比率尺度··························33

【ふ】

複利································2
部分集合··························58
不偏推定量····················128
ブルーシュ・ペイガン検定·····201
プロビット・モデル···········205
分散································42
分散不均一性··················199
分散分析表····················187

【へ】

平均回帰水準··················221
平均絶対偏差····················41
平均の差の検定···············157
ベイズの定理····················68
ベルヌーイ試行·················98
ベン図······························60
変動係数··························44

【ほ】

補集合·····························58
母集団·····························33
母集団標準偏差·················43
母集団分散·······················43
母分散··························126
母平均··························126
保有期間利回り·················22

ボンド換算金利··················7

【ま】

マルコフの不等式···············45
マルチコ························204

【む】

無作為抽出·······················33

【め】

名義尺度··························32
名目金利····························6
メディアン·······················39

【も】

モード····························41
モデルデータ··················221
モンテカルロ・シミュレーション
······························116

【ゆ】

有意······························144
有意水準························144
有効推定量····················128

【よ】

要求収益率·························2
余事象····························58
予測誤差の分散···············180
予測値の信頼区間············181

【ら】

ラベリング問題·················92
ランダム・ウォーク··········229

【り】

離散型収益率··················115

事項索引　255

離散の一様分布………………………97
リスク・プレミアム…………………2
流動性リスク…………………………2
両側検定……………………………147

【る】

ルック・アヘッド・バイアス……135

【れ】

連続一様分布………………………100
連続型収益率………………………115

連続複利………………………………17

【ろ】

ロジット・モデル…………………206

【わ】

歪度……………………………………49
和事象…………………………………58
和集合…………………………………58
和集合の規則…………………………60
割引率…………………………………2

CFA®受験のためのファイナンス講義
──計量分析編

平成23年9月7日　第1刷発行

　　　　　　　　　　著　者　大　野　忠　士
　　　　　　　　　発行者　倉　田　　　勲
　　　　　　　　　印刷所　三松堂印刷株式会社

〒160-8520　東京都新宿区南元町19
発　行　所　一般社団法人 金融財政事情研究会
　　　編集部　TEL 03(3355)2251　FAX 03(3357)7416
販　　　売　株式会社きんざい
　　　販売受付　TEL 03(3358)2891　FAX 03(3358)0037
　　　　　　URL http://www.kinzai.jp/

・本書の内容の一部あるいは全部を無断で複写・複製・転訳載すること、および磁気または光記録媒体、コンピュータネットワーク上等へ入力することは、法律で認められた場合を除き、著作者および出版社の権利の侵害となります。
・落丁・乱丁本はお取替えいたします。定価はカバーに表示してあります。

ISBN978-4-322-11909-1

好評図書

CFA® 受験ガイドブック［レベルⅠ］【第2版】
―学習の手引き＆試験のポイント

CFAJ［監修］
大野忠士［著］

A5判・432頁・定価3,780円（税込⑤）

CFA® 受験ガイドブック［レベルⅡ］

CFAJ［監修］
大野忠士［著］

A5判・468頁・定価5,250円（税込⑤）

CFA® 受験のためのファイナンス講義
―株式・債券・デリバティブ編

大野忠士［著］

A5判・496頁・定価4,200円（税込⑤）